O coaching e o neurocoaching

EDITORA
intersaberes

O selo DIALÓGICA da Editora InterSaberes faz referência às publicações que privilegiam uma linguagem na qual o autor dialoga com o leitor por meio de recursos textuais e visuais, o que torna o conteúdo muito mais dinâmico. São livros que criam um ambiente de interação com o leitor – seu universo cultural, social e de elaboração de conhecimentos –, possibilitando um real processo de interlocução para que a comunicação se efetive.

O coaching e o neurocoaching

Adriano Antônio Faria

Rua Clara Vendramin, 58 . Mossunguê
CEP 81200-170 . Curitiba . PR . Brasil
Fone: (41) 2106-4170
www.intersaberes.com
editora@editoraintersaberes.com.br

Conselho editorial
Dr. Ivo José Both (presidente)
Drª Elena Godoy
Dr. Neri dos Santos
Dr. Ulf Gregor Baranow
Editora-chefe
Lindsay Azambuja
Gerente editorial
Ariadne Nunes Wenger
Preparação de originais
Palavra Arteira Edição e Revisão de Textos
Edição de texto
Palavra do Editor
Capa e projeto gráfico
Iná Trigo (*design*)
agsandrew/Shutterstock (imagem da capa)
Diagramação
Estúdio Nótua
Equipe de *design*
Mayra Yoshizawa
Luana Machado Amaro
Iconografia
Sandra Lopis da Silveira
Regina Claudia Cruz Prestes

Dados Internacionais de Catalogação na Publicação (CIP)
(Câmara Brasileira do Livro, SP, Brasil)

Faria, Adriano Antonio
   O coaching e o neurocoaching/Adriano Antonio Faria. Curitiba: InterSaberes, 2020. (Série Panoramas da Psicopedagogia)

   Bibliografia.
   ISBN 978-65-5517-624-7

   1. Coaching 2. Educação 3. Neuropsicologia – Estudo e ensino 4. Psicopedagogia educacional I. Título II. Série.

20-36024   CDD-370.15

Índices para catálogo sistemático:
1. Coaching educacional: Psicopedagogia   370.15

Maria Alice Ferreira – Bibliotecária – CRB-8/7964

1ª edição, 2020.
Foi feito o depósito legal.

Informamos que é de inteira responsabilidade do autor a emissão de conceitos.

Nenhuma parte desta publicação poderá ser reproduzida por qualquer meio ou forma sem a prévia autorização da Editora InterSaberes.

A violação dos direitos autorais é crime estabelecido na Lei n. 9.610/1998 e punido pelo art. 184 do Código Penal.

Sumário

Apresentação, 7
Como aproveitar ao máximo este livro, 11

Capítulo 1   Compreendendo conceitos, 14
1.1 O coaching em diferentes interpretações, 15
1.2 A evolução do coaching, 21
1.3 Nichos do coaching, 29
1.4 Compreendendo a aplicação na atualidade, 38
1.5 Coaching e o processo educacional, 44

Capítulo 2   Do coaching ao neurocoaching, 62
2.1 Trajetória do coaching ao neurocoaching, 63
2.2 Da maiêutica ao neurocoaching, 65
2.3 Evolução do neurocoaching e sua aplicabilidade na psicopedagogia, 72
2.4 Neurocoaching e novas possibilidades, 79

Capítulo 3   Noções de neurocoaching, 86
3.1 Conceitos do neurocoaching, 87
3.2 Aprendizagem autodirigida, 94
3.3 Foco na solução, 103
3.4 *Feedback* positivo, 107
3.5 Estrutura e distinção, 115

Capítulo 4   Processo evolutivo, 126
                   4.1 Processo evolutivo do coaching, 127
                   4.2 Teorias nas quais o coaching se apoia, 134
                   4.3 Coaching remediativo, 146
                   4.4 Coaching generativo, 153
                   4.5 Coaching evolutivo, 159

Capítulo 5   Mapas mentais, 172
                   5.1 Conceito de mapas mentais, 173
                   5.2 O mapa de mundo do indivíduo, 181
                   5.3 Mudança de pensamento, 187
                   5.4 Em busca de resultados extraordinários, 195

Capítulo 6   Programação neurolinguística e coaching ontológico, 206
                   6.1 Programação neurolinguística, 207
                   6.2 Programação neurolinguística aplicada ao coaching, 217
                   6.3 Coaching ontológico, 228
                   6.4 Comunicação dialógica, 234
                   6.5 A plasticidade, 242

Considerações finais, 255
Referências, 259
Respostas, 273
Sobre o autor, 275

Apresentação

Este livro, composto por seis capítulos, tem como assunto principal o coaching tal como enfocado por múltiplos autores, com opiniões sobre a ação dessa ferramenta, o papel do coach e do coachee ao longo do processo, entre outros tópicos.

Trata-se de uma obra destinada a inserir a ferramenta do coaching na vida de acadêmicos, fato que poderá fazer diferença em suas experiências futuras.

Os seis temas foram selecionados tendo como base a evolução que o coaching tem registrado desde a concepção do termo, na aprendizagem de si próprio pelo indivíduo e pela possibilidade de que esse indivíduo se modifique por meio do processo.

Entre as diversas definições de coaching, há aquela registrada no Código de Ética, Parte I, da International Coach Federation (ICF, 2015), apresentada no Capítulo 1, que também traz detalhes da origem francesa do coaching, bem como a relação de características que o termo contempla. O capítulo inclui igualmente a descrição do avanço desde a maiêutica de Sócrates até o ingresso do coaching nas organizações do século XX, em que se observou uma ampliação em razão de tecnologias e aplicação desses recursos em inovações, aprendizagem, educação, desenvolvimento pessoal e competências.

O conteúdo deste livro, no Capítulo 2, permite ao leitor descobrir que o coaching partiu de uma base histórica para ser inserido no neurocoaching, com as descobertas obtidas pela neurociência e mantendo-se a capacidade individual de aprendizado de si próprio pelo indivíduo, com o apoio da filosofia e do aprender pela arte da maiêutica. Aliada ao neurocoaching, é estabelecida a associação com a psicopedagogia, a análise de crenças, o *rapport* e o *mentoring*, todos elementos inerentes ao processo de coaching.

A partir da junção do coaching, do neurocoaching e da psicopedagogia, este livro traz ainda, no Capítulo 3, a neuropsicologia, com uma abordagem das potencialidades do cérebro, e a teoria da localização sistêmica dinâmica das funções, proposto pelo conhecido especialista em psicologia Alexander Romanovich Luria, que contempla também a autoconsciência e o pensamento humano. Com a neurociência e a neuropsicologia, as questões do cérebro são discutidas com relação às atividades cognitivas, levando-se o indivíduo à autoaprendizagem, à análise de si mesmo e à tendência para a mudança quando participante de um processo de coaching.

Na sequência, no Capítulo 4, são apresentados diferentes tipos de coaching, especialmente o coaching generativo e o coaching evolutivo, quando a ênfase é conferida ao estudo da *self*, com etapas a serem cumpridas para o desenvolvimento da individuação do sujeito, em um processo piramidal formado por importantes níveis de autoanálise. O coaching generativo está presente na programação neurolinguística, estudada por Robert Dilts, no desapego de mapas mentais antigos, crenças e formações mentais tradicionais, conduzindo ao coaching evolutivo, que utiliza recursos neurológicos para o crescimento individual (Marques, 2016a).

A abordagem dos mapas mentais, no Capítulo 5, abrange a compreensão de vários autores, com relação ao conceito, à aplicabilidade concreta, à contribuição para o coaching e para o indivíduo, de modo técnico e emocional, na medida em que é produzido com um olhar no passado e na trajetória para o futuro. Com os mapas mentais, existe a possibilidade de o processo de coaching modificar o pensamento, porque há o desenvolvimento do potencial humano e o foco em resultados.

Finalmente, o Capítulo 6 contempla a temática da programação neurolinguística (PNL), apresentando uma síntese de definições, os elementos de composição, o uso dos sistemas neurológico e linguístico, os pilares de sustentação, além de ferramentas vinculadas ao coaching. O capítulo descreve o coaching ontológico e o processo de compreensão do Ser com base nos contextos filosóficos da Grécia Antiga, a aprendizagem pelos sentidos e pela comunicação dialógica, como uma vertente de conhecimento repassada entre os indivíduos. A finalização do livro se dá com uma abordagem da plasticidade cerebral e do coaching.

Cada um dos capítulos deste livro apresenta informações importantes sobre o coaching e sobre os fatores que lhe são associados, permitindo ao leitor o acesso ao conhecimento de forma sistematizada, mas coerente e informativa no contexto das temáticas abordadas.

> As maravilhas artísticas desenvolvidas pelo ser humano ao longo de sua história e, especialmente, os avanços tecnológicos dos últimos quarenta anos indicam a enorme capacidade

criativa de nosso potencial como pessoa. O poder da mente para organizar a informação e transformá-la para abrir caminho para algo diferente, mais bonito e útil sempre, expressa nossa grande capacidade de síntese e recreação generativa de novos sucessos, dia após dia, superiores aos daqueles que partiram. (Ángel León, 2010, p. 15, tradução nossa)

Como aproveitar ao máximo este livro

Este livro traz alguns recursos que visam enriquecer seu aprendizado, facilitar a compreensão dos conteúdos e tornar a leitura mais dinâmica. São ferramentas projetadas de acordo com a natureza dos temas que vamos examinar. Veja a seguir como esses recursos se encontram distribuídos no decorrer desta obra.

Introdução do capítulo
Logo na abertura do capítulo, você é informado a respeito dos conteúdos que nele serão abordados, bem como dos objetivos que o autor pretende alcançar.

Síntese
Você dispõe, ao final do capítulo, de uma síntese que traz os principais conceitos nele abordados.

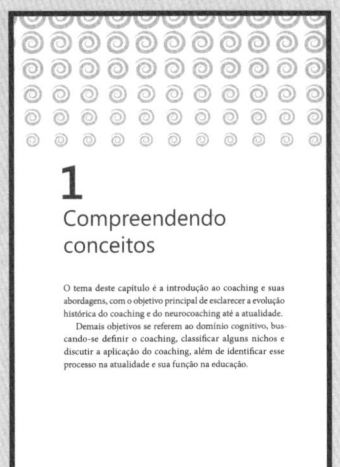

Atividades de autoavaliação

Com estas questões objetivas, você tem a oportunidade de verificar o grau de assimilação dos conceitos examinados, motivando-se a progredir em seus estudos e a se preparar para outras atividades avaliativas.

Atividades de aprendizagem

Aqui você dispõe de questões cujo objetivo é levá-lo a analisar criticamente determinado assunto e aproximar conhecimentos teóricos e práticos.

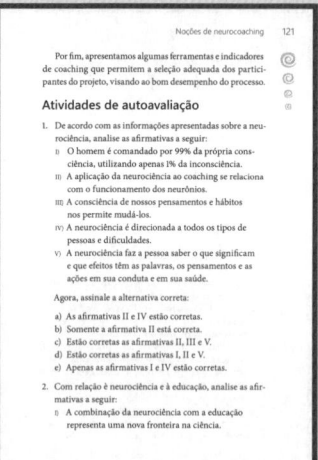

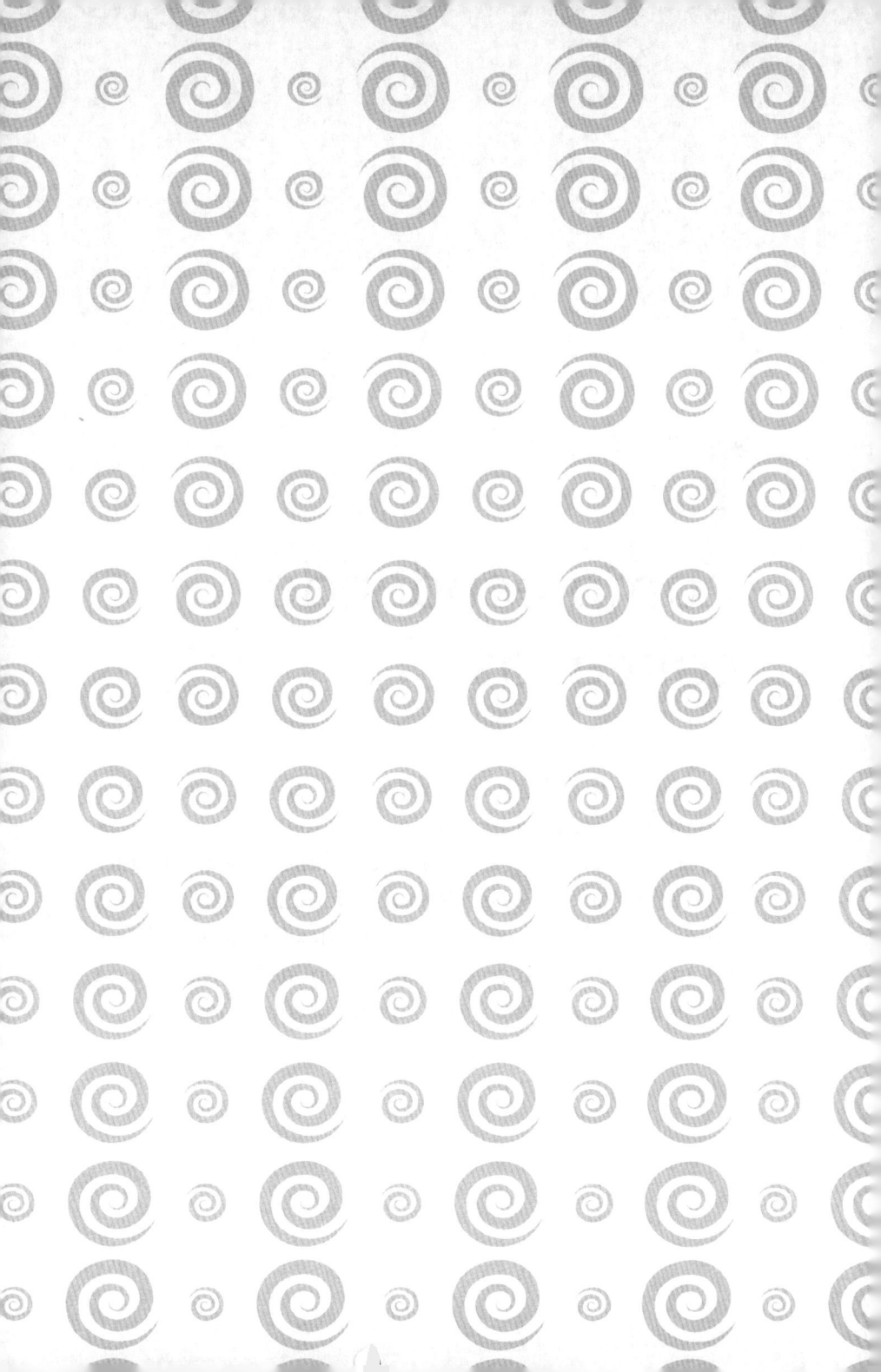

1
Compreendendo conceitos

O tema deste capítulo é a introdução ao coaching e suas abordagens, com o objetivo principal de esclarecer a evolução histórica do coaching e do neurocoaching até a atualidade.

Demais objetivos se referem ao domínio cognitivo, buscando-se definir o coaching, classificar alguns nichos e discutir a aplicação do coaching, além de identificar esse processo na atualidade e sua função na educação.

1.1
O coaching em diferentes interpretações

Ao longo do tempo, o termo *coaching* tem recebido diferentes definições, no entanto o conceito inicial se manteve, referindo-se a um processo, segundo Dutra (2010), ou a "um processo de parceria com cliente para descobrir o melhor caminho para a conquista desejada" (Buttazzi, 2011, p. 193).

D'Addario (2016) apresenta o coaching como um termo adaptado do inglês *to coach*, uma expressão que significa "treino" no meio empresarial e pessoal; reconhecido como um processo interativo e transparente, o coaching tem no coach, ou treinador, a pessoa ou grupo envolvido no processo que busca o caminho considerado mais eficaz no alcance dos objetivos desejados, com a utilização dos próprios recursos e habilidades.

No sentido de "treinamento", Neale (2009, p. 32) assim conceitua:

> O treinamento é uma das maneiras mais poderosas de se comunicar. Quando usado de forma eficaz e apropriada, aumenta sua consciência. É como um laser em seu pensamento que corta qualquer procrastinação e diretamente para a perseguição. Acreditamos que o *coaching* é sobre avançar e ajudar as pessoas a melhorar seu desempenho individual, o que tem um efeito decisivo para as organizações no desempenho da equipe e da organização. A linha de crescimento do *coaching* é sobre ser um catalisador para mudanças positivas

de uma maneira apropriada para os indivíduos, ajudando-os a ser o melhor que podem ser.

A International Coach Federation (ICF) do Brasil define o termo na Parte 1 de seu Código de Ética, considerando que se trata do processo que visa "estabelecer parcerias com Clientes num processo criativo e estimulante que os inspire a maximizar o potencial pessoal e profissional" (ICF, 2019, p. 2).

Em definição no Código de Ética do Instituto Internacional Japonês de Coaching (IIJ), que completou quatro anos de atuação no Brasil, coaching consiste em

> fazer uma parceria com os clientes em um processo estimulante e criativo que os inspira a maximizar o seu potencial pessoal e profissional. Um relacionamento profissional de coaching existe quando o coach inclui um acordo ou contrato formal que define as responsabilidades de cada parte. (IIJ, 2014, p. 1)

De origem francesa, a palavra *coaching* deriva do termo *coach*, que significa "carruagem", um veículo destinado ao transporte de pessoas de um local para outro. "Coaching seria literalmente a atividade realizada pelo cocheiro, para levar um passageiro a um lugar estipulado antes", o que permite associar o coaching à atividade que conduz ao alcance de avanços ou progressos do coachee até a situação que almeja (D'Addario, 2016).

Na maior parte das vezes, o coaching apresenta resultados como resposta à relação e ao apoio estabelecidos entre o coach e o coachee, bem como aos meios e estilo de comunicação utilizados. O cliente em coaching não obtém os fatos, no formato de processos e de reações, entre outros aspectos, pela ação do coach, mas os tem dentro de si, exprimindo-os e explorando-os, ao ser estimulado pelo coach (Whitmore, 2012). Entre os termos relacionados ao coaching estão incluídos aqueles já referidos anteriormente: *coach*, aquele que faz, que pratica o coaching; *coachee*, o indivíduo que passa pelo processo, que se encontra em coaching (Dutra, 2010).

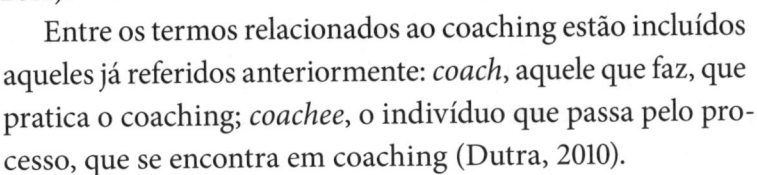

No coaching, o coach trabalha as habilidades do cliente, tendo em vista que este conquiste os objetivos traçados, com a criação de consciência e a produção de motivação, revelando e aprimorando talentos e desempenho. Nesse processo, o coach trabalha com as seguintes premissas: foco, ação, resultados e melhoria contínua, concentrando-se na situação em que os clientes se encontram no momento, nas metas que planejam e no que estão fazendo para conquistá-las (Buttazzi, 2011).

Whitmore (2012) relaciona outras características do coach: paciente, distanciado, solidário, interessado, bom ouvinte, criterioso, consciente, autoconsciente, atento e perspicaz, devendo ainda comportar especialização técnica, conhecimento, experiência, credibilidade e autoridade.

Na afirmação de Barreau (2011, p. 37, tradução nossa), duas entidades estranhas entre si podem ser representadas em uma instância, quando na prática do coaching, considerando-se que o coach "não é apenas a imagem de uma realidade que se transforma no caráter do coach para se aproximar do coachee, ele também pode representar o coachee na figura do coach para se aproximar da realidade".

No coaching, a presença do coach possibilita o fenômeno transferencial que inclui a reunião de duas pessoas na condição de falar, ambos sujeitos ao enunciado e ao assunto da enunciação, que resume o inconsciente (Barreau, 2011). O coaching do século XXI vai além de objetivos profissionais e empresariais, sendo considerado válido para qualquer tipo de objetivo, pequeno, médio ou grande: deixar de fumar, perder peso, melhorar a autoestima e a segurança individual, vencer o pânico em ocasiões públicas, melhorar a comunicação com parceiros e familiares, reconectar-se com a essência e os valores pessoais e melhorar a inteligência emocional e social são alguns dos muitos objetivos que podem ser trabalhados em coaching (Carril, 2010).

Entre as interpretações dadas ao coaching, credita-se a ele a utilização de modernas técnicas de comunicação, com atuação constante em áreas essenciais da vida, como a profissão, as finanças pessoais, a vida familiar, as relações conjugais, a saúde, o contexto espiritual e as relações pessoais. O coach não se atém ao passado e não questiona o porquê da situação presente, tendo o foco sempre no futuro; portanto, obtém das pessoas o melhor delas, ao valer-se da promoção e da valorização dos pontos fortes que elas têm (D'Addario, 2016).

Barreau (2011) informa sobre as características observadas no contexto do coaching, que, em razão dos próprios métodos, podem ser entendidas como um relacionamento de ajuda. Assim, o relacionamento de suporte de coaching se concentra em três pontos: em primeiro lugar, o coach questiona a situação atual do coachee; depois, leva em conta a experiência do amadurecimento do relacionamento entre as partes envolvidas, quando o coachee aprende a entender, ler e decidir por si; por fim, permite a expressão de emoções.

Barreau (2011) confirma, assim, que o coaching é semelhante a qualquer relação intersubjetiva e, para que seja transformado em uma relação de ajuda, requer o estabelecimento de precauções estruturantes, mediante um contrato de relacionamento negociado entre o coach e o coachee, definindo-se o espaço permitido de atuação e as limitações do processo.

A exemplo do que ocorre com qualquer técnica nova que surge, uma atitude, um estilo ou uma crença, quando adotado o conjunto de valores e de técnicas do coaching, é preciso o compromisso por parte daquele que o adota, com o exercício da prática por certo tempo, para que o coaching flua naturalmente e otimize sua eficácia (Whitmore, 2012).

Acerca do surgimento desse novo processo, uma das versões indica a publicação de W. Timothy Gallwey, em 1974, intitulada *The Inner Game of Tennis*, na qual o autor descreve de que modo o jogador pode lidar com os obstáculos criados pelo próprio estado de espírito, de forma a obter um rendimento além do normal (Dutra, 2010).

Em outra fonte, *coaching* é indicado como uma palavra anglo-saxônica, originada na Inglaterra, em 1500, que denominava aquele que conduzia uma carruagem, a exemplo da explicação histórica relacionada à origem francesa. Em 1850, "a palavra coach era utilizada nas universidades da Inglaterra denominando o tutor de uma pessoa (responsável por orientar os universitários com os estudos)" (Buttazzi, 2011, p. 193).

No texto a seguir temos um registro mais esclarecedor sobre a origem do coaching:

Em 1950, o conceito de "Coaching" foi primeiramente introduzido na literatura dos negócios, como sendo uma habilidade para o gerenciamento de pessoas. Dez anos depois, o programa educacional de Nova York introduziu pela 1ª vez as habilidades de *Coaching* de Vida. Este programa foi transportado para o Canadá e melhorado com a inclusão da resolução de problemas. Na década de 80, os programas de liderança incluíram o conceito de Coaching Executivo e o mundo dos negócios começou a dar importância a esse tema. A partir desta década, o Coaching emerge como uma ferramenta extremamente poderosa. A necessidade de planejamento; de alinhamento estratégico; de exigência crescente de qualidade; de constante preocupação com a otimização dos custos; de reter talentos e de desenvolver lideranças internas são aspectos que as empresas vêm enfrentando nos dias atuais, onde assistimos a um crescente processo de competição local e mundial. Foi em meio a este cenário que ocorreu a crescente intensificação da cultura do Coaching no ambiente empresarial, com o objetivo de atender, de forma customizada, às necessidades de organizações, executivos, líderes, profissionais e colaboradores de todos os níveis. (Buttazzi, 2011, p. 193)

Assim, a relação de ajuda em coaching se aproxima de um movimento integrativo, que se esforça para encontrar pontes entre as teorias comparativas, mantendo o que parece útil na definição de bases comuns, seja no método, seja nas bases teóricas, seja em modelos de mudança (Barreau, 2011).

1.2
A evolução do coaching

Depois da maiêutica de Sócrates e da atribuição das definições de coaching por diferentes personagens, esse processo volta como disciplina no século XX, tendo em John Whitmore a origem desportiva do termo, a partir de publicações de Timothy Gallwey, já mencionado, e direcionando posteriormente o enfoque para a empresa. Em qualquer caso, o coaching tem diferentes influências além da programação neurolinguística (PNL) e do esporte, incluindo a psicologia humanista defendida por Abraham Maslow e Carl Rogers, o existencialismo e, por fim, as tradições espirituais orientais (Carril, 2010).

As contribuições da psicologia humanista e a influência que esta exerce sobre o coaching são indicadas por Barreau (2011, p. 18) com relação às correntes que se destacaram na época do surgimento das teorias humanistas, em 1930, quais sejam, a psicanálise e o behaviorismo. Naquele contexto, a psicanálise recebeu críticas dos promotores do movimento humanista, "por despojar o próprio homem, tornando-se vítima de seu inconsciente" (Barreau, 2011, p. 18, tradução nossa). Quanto à concepção comportamentalista, os argumentos faziam referência à redução do funcionamento humano a uma relação causal sem nenhuma inspiração e valores. No entendimento do humanismo,

> O coaching é inspirado pelo movimento humanista, no sentido de que apreende o homem como uma pessoa em busca de uma maior realização de si mesmo, animado pela preocupação permanente com a responsabilidade por suas escolhas de vida. [...] todo homem tem um potencial que só precisa expressar. O coaching é fortemente inspirado por esse paradigma, sem discriminação elitista. O treinamento é para todos, sem qualquer exclusão. (Barreau, 2011, p. 18, tradução nossa)

Quando a organização afirma "o ser humano é o nosso maior recurso", "precisamos delegar poder a todos os nossos funcionários" (Whitmore, 2012, p. 40), além de outros clichês que se perpetuaram com o tempo, o verdadeiro significado permanece o mesmo de quando as expressões foram cunhadas, porém, muitas vezes, tornam-se palavras vazias, muito faladas e pouco praticadas.

No coaching para o desempenho, que é a nova tendência na evolução do processo, como meio para a obtenção desse desempenho são exigidas mudanças fundamentais na atitude, no comportamento gerencial e na estrutura organizacional, considerando-se que o coaching confere substância aos clichês (Whitmore, 2012).

Na experiência da psicoterapia humanista não diretiva descrita por Carl Rogers, a base é o processo no qual a experiência, o sentimento e a emoção são mais importantes (Barreau, 2011). "Esse método terapêutico consiste em instalar entre o terapeuta e o cliente um clima de confiança sólido, de modo que permita a este último um movimento de mudança. Ocorre o mesmo em coaching. Especialmente porque o coachee não deixará de checar e testará a probidade do coach" (Barreau, 2011, p. 18, tradução nossa).

São ações que decorrem da confirmação do valor das ferramentas da psicologia humanista adotadas pelo coaching e outras profissões de ajuda, sendo que essas ferramentas incluem quatro atitudes: 1) aconselhamento não diretivo e seu corolário; 2) aceitação incondicional; 3) congruência; 4) empatia (Barreau, 2011).

Diante do crescente e evolutivo universo do coaching, como campo de interesse disseminado mundialmente, essa metodologia de desenvolvimento pessoal deixou sua origem nos Estados Unidos e na Europa, tornando-se tema familiar em todos os continentes, com número de adeptos que cresce exponencialmente:

> É como se houvesse uma necessidade insatisfeita em cada canto do mundo e essa necessidade insatisfeita estivesse faminta pelo que o *coaching* pode oferecer. O mundo demanda por *coaching*. Os números e o alcance geográfico são impressionantes, mas é a demanda subjacente em si mesma que chama nossa atenção. A mudança tornou-se um estilo de vida e está se acelerando. O *coaching* é a metodologia que possibilita trabalhar a mudança em termos pessoais, organizacionais e em todos os nossos relacionamentos. À medida que as pessoas se tornam mais conscientes de que o *coaching* facilita mudanças intencionais, a aplicação de seus fundamentos continua crescendo e evoluindo. (Kimsey-House, 2015, p. 10)

Com diferentes interpretações, desde cedo, contudo, o coaching foi entendido como "Uma metodologia com uma eficácia impressionante na hora de esclarecer e alcançar objetivos, desenvolver planos de ação, potencializar a responsabilidade e incrementar a consciência sobre o potencial de uma pessoa" (Carril, 2010, p. 4, tradução nossa). A década de 1980 marcou um ponto de mudança na democratização do coaching, em decorrência também de crises de petróleo ocorridas na década de 1970 que incentivaram as empresas a reduzir os custos de produção e concentrar a estratégia de desenvolvimento na competência do indivíduo no trabalho (Barreau, 2011).

Instaurou-se, nos anos 1980, a era do gerenciamento de recursos humanos, sendo que a abertura dos mercados à globalização, especialmente no século XXI, acentuou a concorrência e promoveu de modo significativo o crescimento do coaching. Com esse crescimento, o coaching deixou de pertencer somente aos grandes líderes, que detinham o poder de decisão, e espalhou-se para todos os membros da organização (Barreau, 2011).

Entre os objetivos fundamentais do coaching, D'Addario (2017a) indica a necessidade de conhecimento e desenvolvimento do potencial próprio de cada um, que consiste basicamente no *self coaching* ou autocoach. O processo requer a realização de perguntas que estimulem, exercícios de memória, autoconhecimento e plano de ação, por meio dos quais se pode caminhar rumo a um objetivo. O desenvolvimento dos sentidos é condição indispensável ao *self coaching*, além do aprendizado sobre as perguntas e a colocação prática das competências pessoais.

Atualmente, desenvolvem-se inovações, ferramentas e modelos para o coaching, visando ao autoconhecimento e ao desenvolvimento pessoal. Entre as inovações, Carril (2010) refere as 11 competências básicas de treinamento que foram apontadas no estabelecimento de padrões para a profissão do coaching.

Quadro 1.1 – 11 competências em coaching

Ordem	Competência	Definição
1	Aderir ao código deontológico e aos padrões profissionais	Capacidade de compreender a ética e os padrões do coaching e aplicá-los de modo apropriado em todas as situações envolvidas.
2	Estabelecer o acordo de coaching	Habilidade de entender o que é preciso em cada interação específica de coaching e estabelecer o acordo com cada novo cliente sobre o processo.
3	Estabelecer confiança e intimidade com o cliente	Habilidade para criar um ambiente seguro que contribua para o desenvolvimento de respeito e confiança mútuos.
4	Estar presente no coaching	Habilidade para ter plena consciência e criar relações espontâneas de coaching com o cliente, usando um estilo aberto, flexível e que demonstre segurança e confiança.
5	Escutar ativamente	Habilidade para focar completamente aquilo que o cliente disser e não disser, entender o significado do que for dito no contexto dos desejos do cliente e apoiar o cliente para que ele se expresse.
6	Realizar perguntas com potencial	Habilidade de fazer perguntas que revelem a informação necessária para obter o maior benefício para o cliente na relação de coaching.
7	Comunicar diretamente	Habilidade para comunicar-se de maneira efetiva durante as sessões de coaching e utilizar a linguagem de modo que esta tenha o maior impacto positivo possível sobre o cliente.
8	Criar consciência	Habilidade de integrar e avaliar com precisão múltiplas fontes de informação e de fazer interpretações que ajudem o cliente a obter consciência e, desse modo, alcançar os resultados acordados.

(continua)

(Quadro 1.1 – conclusão)

Ordem	Competência	Definição
9	Desenhar ações	Habilidade para criar com o cliente oportunidades para desenvolver a aprendizagem contínua, tanto durante o coaching como em situações da vida e do trabalho, e para empreender novas ações que conduzam de modo mais efetivo aos resultados acordados.
10	Planejar e estabelecer metas	Habilidade para desenvolver e manter com o cliente um plano de coaching efetivo.
11	Gerenciar progresso e responsabilidade	Capacidade de colocar a atenção naquilo que realmente é importante para o cliente e deixar a responsabilidade para atuar nas mãos dele.

Fonte: Elaborado com base em Carril, 2010, p. 4-5, tradução nossa.

Na evolução do coaching e com o ingresso das teorias de Whitmore (2012, p. 7), que viu a necessidade de definir e de estabelecer os princípios da raiz do coaching, a intenção inicial era evitar que

> Muitas pessoas entrassem nessa área incipiente, algumas das quais talvez sem compreender a profundidade psicológica e a amplitude potencial do *coaching* e onde ele se encaixa no contexto social mais amplo. Sem essa compreensão, essas pessoas poderiam facilmente distorcer a metodologia fundamental, a aplicação, o propósito e a reputação do *coaching*.

Ainda que muitas discussões se mantenham a respeito do campo de conhecimento do coaching, de modo geral, foi adotado um conjunto comum de princípios, conforme relato de Whitmore (2012), pois a profissão de coach sofre grande expansão e amadurecimento para além das melhores expectativas, com superação de dificuldades e reveses.

Uma demonstração do crescimento e evolução do coaching, em termos de busca de informações e conhecimento, é registrada por Neale (2009), quando da publicação de uma obra sobre o assunto, divulgada na World-Wide Computer Network: em uma pesquisa sobre a palavra *treinamento*, identificaram-se 76.300.000 acessos. O *site* da Amazon detinha 4.813 recursos de coaching que poderiam ser comprados, em uma lista que cresce quase que diariamente e mostra o quão grande é realmente essa metodologia de desenvolvimento pessoal (Neale, 2009).

Desse modo, podemos notar o surgimento de mais associações profissionais de coaches, que cooperam entre si para progredir, evitando a competição. Entre elas, a International Coach Federation (ICF), já mencionada aqui, tem cerca de 20 mil associados em todo o mundo[1] (Whitmore, 2012).

Além da expansão geográfica, o coaching tem se tornado diversificado à medida que os profissionais se especializam em uma grande variedade de nichos demográficos e em diferentes temáticas, que podem envolver todas as faixas etárias, diversas ocupações e paixões pessoais. Há sempre um coach esperando para dar atenção a um contato (Kimsey-House, 2015).

O universo corporativo já recebeu um benefício do coaching específico para os principais executivos de uma organização ou dos funcionários em ascensão; atualmente, contudo, o recurso de coaching integra a caixa de ferramentas

• • • • •
1   No anúncio/convite da ICF para a International Coaching Week (ICW) 2018, realizada de 7 a 13 de maio de 2018, o texto informa que a instituição contava com 25 mil membros, localizados em mais de 135 países (ICW, 2018).

organizacionais para ajudar funcionários, gerentes, supervisores e executivos em seu desenvolvimento pessoal e em sua contribuição para o sucesso da empresa (Kimsey-House, 2015).

Também na atualidade o coaching recebe as contribuições e a influência da corrente filosófica socrática, pois um e outro precisam de chaves que lhes permitam reconhecer, aceitar e olhar para quadros de referência a fim de perceber a realidade. O coach, na representação de si, dos outros e do mundo, utiliza ferramentas imateriais e a referência da filosofia na prática do coaching:

> A modéstia filosófica consiste em dizer que a verdade não pertence nem a um nem ao outro, mas a quem a compartilha. Ela fala no presente, mas sempre permanece à frente. Como o coaching, a filosofia é pesquisa e não posse. Ao defini-lo como um trabalho de reflexão, convida o sujeito a questionar o conhecimento que possui para construir um saber sobre o conhecimento. Em apoio a uma ampla cultura filosófica, o coach pode mobilizar facilmente as metáforas, revelar as etimologias significativas e reformular o destino que seu cliente invoca em sua presença. (Barreau, 2011, p. 18, tradução nossa)

No coaching, o pensamento filosófico confere acesso a uma verdade sobre o próprio sistema de valores, da mesma forma que oferece, aqui e ali, chaves para a compreensão do meio ambiente, o que confirma que, a exemplo de qualquer jornada filosófica, o coaching é uma iniciação (Barreau, 2011).

Segundo Kimsey-House (2015, p. 11), "O engajamento dos funcionários e a cultura de mudança surgiram como iniciativas essenciais nas organizações, e o *Coaching* desempenha um papel muito crítico nesse processo". Como as organizações modernas entendem que os funcionários satisfeitos e motivados podem modificar resultados por meio de ações de alta performance, novos investimentos oferecidos em treinamentos internos têm como propósito acelerar o ingresso da cultura e das habilidades em coaching.

1.3
Nichos do coaching

Atualmente, a expansão do coaching tem alcançado outras áreas que não as organizacionais, quando se considera que pais, gerentes, representantes de consumidores, trabalhadores da saúde, por exemplo, têm aplicado as habilidades relacionadas a essa ferramenta, confirmando que as qualidades do processo que a efetivam são valiosas em muitas circunstâncias (Kimsey-House, 2015).

Tem sido uma novidade recente a aplicação de coaching em domínios mais heterogêneos, conforme destaca Barreau (2011, p. 4, tradução nossa):

> Assim, a demanda por coaching de vida, isto é, o acompanhamento pessoal da vida, refere-se a um conjunto de necessidades em um pedido interno do indivíduo em busca de ajuda e pontos de referência. Um dos ativos inegáveis do coaching reside na sua plasticidade. "Hoje, os treinadores respondem a solicitações e necessidades específicas de

seus contemporâneos, como acompanhamento durante uma decepção sentimental, um projeto de paternidade, uma aposentadoria..." [Bernhardt; Colnot; Vitry, 2008].

Sendo o coaching um processo que orienta para a descoberta, a consciência e a escolha, ele se torna uma ferramenta especial para que as pessoas se capacitem e descubram as próprias respostas, encorajando-as e as apoiando-as no caminho, tendo em vista que fazem escolhas importantes que podem mudar a vida delas (Kimsey-House, 2015).

Dos diferentes contextos nos quais pode ser verificada a presença atual do coaching, alguns nichos, em específico, são referenciados na literatura, abrangendo ampla área de atuação.

1.3.1
Coaching pessoal

No complexo coaching pessoal estão presentes as seguintes modalidades, entre outras: coaching de família; coaching para emagrecimento; coaching de emoções; coaching espiritual; coaching de relacionamento; coaching para grávidas; coaching de férias; coaching de crianças; coaching esportivo; coaching de comunicação.

Barreau (2011, p. 24, tradução nossa) refere o coaching de sustentação, atinente ao coaching pessoal, com o seguinte conteúdo: "Destina-se a agentes que chegam a uma mudança existencial. Esse tipo de questionamento ocorre no meio da vida e no momento desta 'crise da meia-idade', o assunto é mensurar o tempo adiante e as escolhas a serem feitas. O coach acompanha o coachee em seu processo de decisão". Esse nicho do coaching pessoal também comporta o coaching individual, cujo processo concentra-se no sucesso da pessoa quanto aos objetivos por ela própria definidos. Tendo por base o processo, esse tipo de coaching tem como função revelar, "por meio de uma análise detalhada de todos os parâmetros da situação, o plano de ação apropriado para as expectativas do cliente" (Barreau, 2011, p. 20, tradução nossa).

Informa Whitmore (2012, p. 74) que o coaching individual, caracterizado como "na base do um por um", pode acontecer individualmente, entre colegas, entre o gerente e um subordinado, entre um antigo professor e um aluno, entre um coach e seu coachee. O coaching um por um pode ser usado em sentido ascendente, por exemplo, quando um funcionário pratica o coaching com seu chefe, mesmo que de forma encoberta, sendo que o coaching para cima tem uma taxa de sucesso maior.

O coaching individual, focado na pessoa, assim como o coaching de equipe, isto é, orientado para a equipe, é conduzido por objetivos comuns, que visam convocar o assunto e/ou o grupo em sua realidade; atingir metas; dar sentido à ação; terceirizar talentos; superar obstáculos; colaborar com o respeito um pelo outro; permitir que o indivíduo se torne autônomo, assuma a responsabilidade e fortaleça a autoestima (Barreau, 2011).

1.3.2
Coaching executivo

No nicho de coaching executivo estão presentes diferentes modalidades: coaching de carreira; coaching de liderança; coaching de vendas; coaching de performance; coaching de equipes; coaching empresarial; coaching de negócios; coaching de empreendimento; coaching organizacional; coaching de gestores, entre outras. Algumas dessas modalidades serão apresentadas a seguir.

Quanto ao coaching de equipes, Barreau (2011) explica que o treinamento de uma equipe implica considerar as individualidades e uni-las. Com esse tipo de coaching, é possível ao coach:

> Reforçar a coesão de seus componentes, enfrentar as mudanças coletivamente, acessar a autonomia individual compartilhada, acordar orientações políticas e estratégicas, aderir a uma visão comum dos problemas e objetivos; superar, por meio de debates resolutivos, disfunções internas e externas, atualizar tensões latentes e resolver conflitos e impulsionar uma cultura corporativa embotada. (Barreau, 2011, p. 20, tradução nossa)

As pressões que o mercado exerce sobre as organizações, exigindo que estas façam mais com menos, atingiram também as estratégias que enfatizam a equipe, visando ao aumento da produtividade. As empresas estão aprendendo os benefícios do coaching de equipe, quais sejam, aqueles que indicam a preparação das equipes e de seus líderes com vistas ao desenvolvimento de habilidades e competências em um mundo no qual se destaca a colaboração. "O *coaching* é um recurso-chave para otimizar o potencial de desenvolvimento individual e conquistar equipes de alta performance e excelência sustentável" (Kimsey-House, 2015, p. 11).

As condições para um eficiente coaching de equipe são apresentadas por Clutterbuck (2008):

- Há espaço e oportunidade para tratar de questões importantes de desempenho, que incluem a motivação, a estratégia e a aquisição de conhecimentos e habilidades, sem excesso nas restrições e nas tarefas que a organização impõe.
- A equipe está bem montada, promove o trabalho coletivo.
- O foco do coaching recai sobre questões e processos relevantes para as tarefas da equipe, e não sobre processos interpessoais ou processos avulsos.
- Há sintonia entre os momentos em que ocorrem intervenções do coaching e a evolução da equipe.

Outra modalidade que citamos anteriormente é o coaching de carreira, definido por Barreau (2011) como treinamento de emprego, que compreende a proposta a novos candidatos, condição que lhes confere proteção em um mundo profissional que lhes pode parecer hostil porque é estranho. Esse coaching permite que o recém-chegado à organização consiga desenvolver e personalizar a postura pessoal e, além disso, ajuda a manter os novos candidatos, contribuindo também, quando proposto, para a atratividade da empresa.

Conforme apresenta Kimsey-House (2015), há uma crescente evolução do coaching na área de desenvolvimento de lideranças, decorrente de um olhar para o futuro, considerando-se que executivos e gestores seniores podem se aposentar nos próximos anos e, assim, o planejamento para a sucessão e o desenvolvimento de líderes se tornam imperativos para organização. Com esse pressuposto,

> Diante da natureza mutante das organizações, a ênfase do desenvolvimento de lideranças recai cada vez mais sobre a inteligência emocional e as habilidades dos líderes associadas ao relacionamento com as pessoas. É aqui que o *coaching* e as habilidades de coaching dos líderes tornam-se inestimáveis. Os melhores líderes da próxima geração estão sendo formados agora, e o *coaching* é um ativo no desenvolvimento deles. (Kimsey-House, 2015, p. 12)

Assim, o desenvolvimento de lideranças pode ser associado ao coaching de potencialidades, destinado ao coachee que busca preparar-se para novas responsabilidades gerenciais ou de reconversão (Barreau, 2011).

Ajudar pessoas no desenvolvimento de consciência, responsabilidade e autoconfiança implica estabelecer as pedras fundamentais da própria capacidade futura de liderança dessas pessoas. "Os líderes, por definição, precisam fazer escolhas e tomar decisões diárias, e para fazer isso com eficácia necessitam desses atributos pessoais fundamentais. O coaching forma líderes [...]" (Whitmore, 2012, p. 214).

1.3.3
Outras modalidades de coaching

Barreau (2011, p. 23, tradução nossa) apresenta o coaching de resolução de conflitos, que "trabalha para criar um clima propício à comunicação assertiva. É uma questão de desfocar os esforços feitos para a energia de coesão em benefício da energia de produção".

Como exemplo da aplicação do coaching de resolução de conflitos, vamos supor uma situação inicial na qual os últimos meses analisados revelam que os gerentes de uma organização não conseguem concordar entre si e a manutenção das aparências já não é suficiente para conter atos de agressão, sendo tudo pretexto para o conflito. Nesse contexto, compete ao coach almejar o alcance de alguns objetivos: substituir o aparente esforço de coesão dos gerentes por um desejo coletivo de coerência, transformar o saber-viver em necessidade, colocar ordem na relação entre os gerentes, atribuir no organograma o lugar e os papéis de todos os atores da organização (Barreau, 2011).

Temos ainda o coaching para educadores, aplicado à transformação, que considera como missão da educação "preparar indivíduos jovens com o conhecimento adequado para se desenvolverem como membros ativos da sociedade e com uma compreensão de si próprios com jovens adultos" (D'Addario, 2017a, p. 12-13).

No contexto educativo, a organização do coaching como perspectiva sistêmica envolve diretamente dois recursos principais. O primeiro deles consiste no processo de diálogo, denominado *aprendizagem*, destinado à educação do jovem. Com esse recurso são disponibilizados para o aprendente diferentes conhecimentos, que incluem a língua, a comunidade social, o sentido da história e, assim, também as competências que contribuem para a reflexão e os questionamentos que poderão fortalecer a capacidade do coachee como condutor da própria vida (D'Addario, 2017a).

O segundo recurso compreende as diversas modalidades intrínsecas a essa aprendizagem, para que o jovem possa ser transformado em um membro ativo da sociedade. Para isso, a informação acumulada pelo jovem se torna o ponto central para a aprendizagem, enquanto um conhecimento específico é formado e possibilita ao aprendente desenvolver sua autonomia na vivência da realidade (D'Addario, 2017a).

No coaching educacional está presente o denominado *coaching aplicado à transformação no diálogo da aprendizagem*, completado com as disposições de abertura e flexibilidade. A abertura é a inclinação do educador que considera as mudanças e as descobertas do jovem enquanto cresce. A flexibilidade se refere à inspiração que o jovem tem para criar um ambiente no qual utilize sua força, capacidade e disposição para correr riscos na resolução adequada de um embate com a autoridade e os limites presentes na sociedade (D'Addario, 2017a).

Desse modo, o coaching aplicado à transformação pela educação

> Considera que existe uma modalidade mais completa de aprendizagem que proporciona, por um lado, uma compreensão do valor e significado de si próprio enquanto indivíduo e, por outro, uma consciência sobre os desafios e benefícios da sua experiência de vida. [...] O *coaching* aplicado à Transformação considera que esta modalidade de aprendizagem permite ao jovem a relação com uma meta superior

com aquela que lidera a sua própria vida. (D'Addario, 2017a, p. 15-16)

Ao educador o coach proporciona ferramentas de discurso que contribuem para impulsionar o desenvolvimento dos educandos. São elas: a retroalimentação e a ressonância; a liderança com base na autenticidade; a promoção da transformação. Entre as ferramentas internas, o coaching proporciona a calibragem, por meio da qual se percebem as especificidades da comunicação, a escuta ativa e a comunicação, complementa D'Addario (2017a).

Afirma Kimsey-House (2015) que o coaching está sendo visto como uma forma de comunicação, para além do conjunto de habilidades profissionais que já foram relatadas nesta obra, disseminando-se uma conscientização de que a abordagem de coach pode ser adaptada a diferentes profissões além do coaching profissional. Um exemplo são os professores que estão utilizando habilidades e estilo próprio de coach quando sentem necessidade.

Outra modalidade é o coaching de desenvolvimento profissional, o qual "Permite que os agentes que desejam ampliar sua carreira esclareçam seus desejos de desenvolvimento de carreira e façam um balanço de suas habilidades" (Barreau, 2011, p. 23, tradução nossa). Trata-se de uma abordagem voluntária e, quando o empregador manifesta uma resposta favorável a essa iniciativa, a mobilidade interna é intensificada, inibindo a necessidade de ativar procedimentos que podem ser entediantes (Barreau, 2011).

1.4
Compreendendo a aplicação na atualidade

Devemos ter claro que o papel do coach não inclui o aconselhamento, no sentido de indicação de ações que o coachee deverá realizar. A premissa é que o cliente saberá melhor do que qualquer outra pessoa a solução a ser tomada. Do mesmo modo, se for dito a ele o que fazer, em caso de sucesso, ele poderá não se sentir bem-sucedido e, em caso de fracasso, poderá colocar-se na posição de vítima. De acordo com Dutra (2010), nos Estados Unidos há ainda outro agravante em relação à participação do coach no aconselhamento: o direito do coachee em processar o coach judicialmente, caso o conselho não funcione.

Atualmente, o coaching tem sido aplicado em diversas áreas, como indicam Zaib e Gribbler (2013) e conforme apontamos ao tratar dos nichos de coaching.

Assim, cabe observar que se tem evidenciado que há a necessidade do desenvolvimento de competências por parte do líder educacional no século XXI, considerando-se a liderança um tema constantemente em discussão, presente no ambiente escolar, que tem como uma de suas funções a formação de líderes, um desafio contínuo na educação e nas organizações do mundo moderno (Zaib; Gribbler, 2013).

Sabemos que a ideia de coaching ainda é estranha para muitas pessoas, e isso se confirma pelo fato de que ainda hoje esse processo seja confundido com atividades similares, treinamentos motivacionais ou relacionado com um auxílio ao crescimento das pessoas ou uma transição pessoal ou profissional. Essa ideia equivocada causa, de modo geral, uma dificuldade em definir o coaching e o que ele realmente faz (Marion, 2017).

Por conta dessa dificuldade nestes novos tempos, é preciso também identificar a distinção entre o coaching e outras profissões, a fim de que compreender a importância do emprego dessa ferramenta para o alcance dos objetivos aos quais se destina.

Carril (2010) afirma que o coaching não é consultoria, mas um tipo de assessoramento diferente, porque a consultoria oferece soluções e modelos padrões para a empresa, enquanto o empresário ou o diretor da organização, com a ajuda do coach, encontram as próprias soluções e criam modelos únicos, personalizados. Explica o autor que, com isso, as decisões e as atuações com o apoio do coaching são muito mais criativas e inovadoras, pois são construídas com base no potencial e nos recursos internos da empresa.

Assim exemplifica Carril (2010, p. 5, tradução nossa): "O consultor chega como um perito, diz o que tem de fazer e cobra. O coach chega como um companheiro de viagem, pergunta, questiona suas ideias e decisões para abrir seu foco e liberar sua criatividade, ajuda-o para que encontre suas soluções... E, é claro, cobra também".

Ainda sobre as distinções entre o coaching e outras modalidades de ações de desenvolvimento, Neale (2009) apresenta um exemplo sobre a diferença entre treinamento e demais intervenções que compreendem a orientação, o aconselhamento e a consultoria: supondo-se que você precise assar um bolo e também necessite da contribuição de outra pessoa, de que modo um coach, um mentor, um conselheiro, um consultor e um treinador poderiam ajudá-lo?

Vejamos a resposta ao questionamento, conforme Neale (2009, p. 33, tradução nossa):

- Um **coach** perguntaria sobre o resultado que você deseja e conferiria se você tinha tudo aquilo de que necessitava, de quais outros equipamentos e ingredientes você poderia precisar e verificaria com você se isso correspondia às suas prioridades.
- Um **mentor** compartilharia sua receita com você e sua experiência de como ele ou ela faz isso.
- Um **conselheiro** exploraria todas as ansiedades que você tinha em relação ao cozimento do bolo.
- Um **consultor** avaliaria a situação, forneceria três ou quatro opções de receita e discutiria o que era apropriado para você.
- Um **treinador** demonstraria como isso foi feito, forneceria o equipamento e os ingredientes necessários e observaria enquanto você assa o bolo, dando feedback quando necessário. [grifo do original]

Da mesma forma que o coaching não é uma terapia nem uma mentoria, o coach não é um terapeuta nem um mentor nesse processo. A explicação de mentoria é dada por Dutra (2010), que caracteriza como mentor o personagem da *Odisseia*, obra de Homero, que figura como amigo e conselheiro de Ulisses e também professor do filho desse guerreiro. A distinção a ser observada aqui é que o mentor ficou incumbido por Ulisses, quando este foi para a guerra, de cuidar do filho do guerreiro, Telêmaco, e aconselhá-lo. Ulisses indica um mentor para o filho até que este tenha amadurecido o bastante para tomar as próprias decisões. Nesse processo, o mentor, por ter mais experiência e conhecimento, pode tomar a posição de orientador e guia[2].

O coach, contrariamente ao mentor, não transmite conhecimento e, se ensina, é no sentido arqueológico do termo, "para que o coach seja um desenvolvedor e um catalisador de conhecimento enterrado ou escondido por uma tela de problemas opacos" (Barreau, 2011, p. 10, tradução nossa).

Diferentemente, portanto, do *mentoring*, "O coaching pressupõe que o cliente seja capaz de refletir sobre o próprio pensamento e subentende responsabilidade. Ele não é indicado para clientes portadores de sérios problemas de saúde física ou mental, pois o cliente precisa estar atuante em sua vida antes de recorrer a um coach" (Buttazzi, 2001, p. 193).

Tendo em vista a mitologia de Homero, o mentor pode ser um colega que brilha em virtude do carisma e, em razão das habilidades que detém, é amplamente reconhecido, gerando em torno de si tanto admiração quanto hostilidade. Porque se caracteriza como mestre e sábio ao mesmo tempo, o mentor é, de certo modo, "um contrabandista entre o universo do

---

[2] Homero escreveu que Atena, deusa da sabedoria e da guerra, tomou emprestada a aparência de Ulisses para visitar Telêmaco de modo a instruí-lo e, sob esse disfarce, conseguiu manipulá-lo. "Quando a ação do mentor é pervertida em subordinação, o mentor corre o risco de estar sob influência". De forma simples, uma das limitações da orientação é a obsessão fascinante com a imagem do mentor, uma regra tutelar que já foi comentada por Hegel, na dialética de mestre e escravo, prejudicial ao voo do aprendiz, escravizado ao jugo de uma heteronímia discreta e ativa (Barreau, 2011, p. 10, tradução nossa).

conhecimento formal, que representa a escola, e o conhecimento experiencial do mundo da empresa. O mentor estabelece um relacionamento de aprendizagem real por meio da descoberta iniciática de situações" (Barreau, 2011, p. 10, tradução nossa).

Uma sessão de coaching deve ser desenvolvida em um ambiente confiável, considerando-se que qualquer assunto pode ser abordado, sem nenhuma restrição (D'Addario, 2017a).

Basicamente, o coaching tem ingresso em novas tendências e exigências do mercado, que cobra de líderes educacionais inovação em sua forma de ensino, mediante criação e apresentação de novas ferramentas do conhecimento, o que implica busca e atualização constante dos profissionais da educação sob o risco de ficarem para trás na cobrança que a nova geração tem feito à educação (Zaib; Gribbler, 2013).

A importância do coaching como ferramenta para a formação humana por meio da educação é tema recorrente nas últimas décadas, compreendendo a possibilidade de que o aluno de coaching modifique a própria visão e missão, assim como os próprios valores, caminhando para se tornar um líder educacional. Para tanto, esse aluno conta com a perspectiva de que os professores em processo de coaching facilitem a ação, a reflexão e a solução, permitindo acesso à interação e ao desenvolvimento de competências em liderança educacional, na experiência concreta do cotidiano da instituição educacional e por meio da superação de situações e desafios (Zaib; Gribbler, 2013).

Marion (2017) aponta as transformações no comportamento e na forma do indivíduo como um grande objetivo do processo de coaching. Essas transformações podem ser externas, com base na transformação interior da pessoa.

Com tais perspectivas, "As pessoas e organizações procuram um coach pois desejam mudanças que, sozinhas, não conseguem promover. Um processo de coaching aumenta substancialmente suas chances de progresso" (Marion, 2017, p. 3). A habilidade de aprender fortalece a sensação de autoconfiança e autonomia desejadas pelo indivíduo para superação de desafios e limites, e a participação ativa de um coach faz desbloquear o potencial existente no coachee.

A respeito das competências de líderes educacionais em coaching, assim se pronunciam Zaib e Gribbler (2013, p. 300):

> Os líderes educacionais democráticos, participativos e proativos têm um papel importante e decisivo nas transformações, articulando e adaptando maneiras diversas de liderar instituições educativas, num mundo com rápido desenvolvimento tecnológico. Portanto, para obter sucesso, os líderes precisam ser capazes de criar um ambiente de possibilidade, lapidar talentos em sua equipe. Desenvolvendo novos potenciais, apoiando seus liderados para que eles possam alcançar seus objetivos, metas e resultados desejados fazendo com que cada um se conscientize e dê o melhor de si, envolva-se e comprometa-se com seu crescimento e crescimento de toda equipe com foco em potencializar o crescimento das pessoas e o fortalecimento de equipes.

Devemos considerar ainda que as características de um líder em coaching incluem criatividade, carisma, comprometimento, comunicação competente, coragem e capacidade de avaliação, discussão de processos e de resultados, atuando para que as informações fluam e possibilitem aos coachees o desenvolvimento da autoestima e da autoconfiança (Zaib; Gribbler, 2013).

1.5 Coaching e o processo educacional

Com relação ao coaching no processo educacional, D'Addario (2017a) destaca a terminologia e os fundamentos do método didático, compreendido como os procedimentos utilizados pelo docente, e da didática, definida como a arte de ensinar ou a ciência que trata da prática do ensino, com origem creditada aos filósofos da Grécia Antiga, cujo interesse consistiu em estudar a educação e a relação que ela estabelecia com o conhecimento, a política e a ética. Esse interesse levou investigadores a estudar o método didático para aprimorar a educação.

Explicado em sua etimologia, o vocábulo *educação* deriva do latim *educatio* e significa o "ato de criar", remetendo, por isso, à formação do espírito e à instrução. Deriva também do verbo *educare*, que significa "conduzir ou guiar" (D'Addario, 2017a).

O coaching educacional é também apresentado por alguns autores como treinamento instrucional, inerente ao coaching instrutivo, que tem como função precípua abordar a parceria para melhorar a instrução, mediante o fornecimento de treinamento intensivo e diferenciado aos professores, para que estes possam implementar práticas comprovadas.

Knight (2009, p. 31, tradução nossa) caracteriza o coaching educacional como um treinamento instrucional:

> Descrevo o arcabouço teórico do coaching instrucional como uma abordagem de parceria, vendo o coaching como uma parceria entre treinadores e professores. Essa abordagem é articulada em sete princípios, que são derivados da pesquisa e da escrita teórica em diversos campos, incluindo educação de adultos, antropologia cultural, liderança, teoria organizacional e epistemologia. Os princípios também foram validados em um estudo de duas abordagens para o desenvolvimento profissional, sendo uma dessas abordagens a tradicional.

De acordo com D'Addario (2016), o coaching na escola é um sistema de assessoria pessoal e profissional, exercido por um diretor ou coach com um formando ou coachee, com a função de transferir para a educação a filosofia e os conceitos de recursos humanos, visando à melhoria no rendimento, no desenvolvimento do potencial docente, à melhoria das relações entre docentes e alunos e à promoção de liderança para o aumento da automotivação, da autoestima e da compreensão do envolvimento do aluno nos fatos educativos.

Santos (2012), em sua obra *Coaching educacional*, sugere essa metodologia para se encontrarem respostas pedagógicas referentes aos seguintes questionamentos: De que modo o professor pode se preparar para conseguir a habilidade, nos momentos mais difíceis ou mais importantes, de ter presença de espírito para solucionar as questões que se apresentam? Como manter a liderança necessária a um evento?

Para tanto, é preciso que o professor se desfaça de determinadas ideias, isentando-se de julgamentos e possibilitando aberturas para identificar as mudanças necessárias, de modo a participar da própria promoção, visando à obtenção de resultados positivos. A busca do professor, portanto, deve incluir uma estratégia de evolução natural para que as pessoas ajam de forma correta, sem controle e com aptidão para o desenvolvimento de habilidades, buscando-se fazer com que elas identifiquem um ponto inicial e modifiquem a própria forma de pensar, o que configura a gênese do processo de coaching educacional (Santos, 2012).

Com relação ao coaching na educação, avaliando se é uma realidade ou uma utopia, Zaib e Gribbler (2013, p. 289) assinalam:

> Partindo do pressuposto de que um dos objetivos da educação é processar a modificação de comportamentos, um aspecto importante e fundamental é, através dela, adquirir recursos, despertar novos talentos, trabalhar na arquitetura de soluções diferenciadas, investir no desenvolvimento das potencialidades daqueles que ensinam e também dos que aprendem, orientar a utilização de pensamentos e mapas cognitivos abrangentes. Da mesma forma, também é necessário trabalhar na expansão do conhecimento da estrutura do pensamento, da linguagem e da experiência, auxiliar na quebra de velhos paradigmas, ensinar a pensar "fora da caixa" e ir em busca de soluções inovadoras, instigar a criar uma nova forma de comunicar, rompendo os limites da aprendizagem.

Nesse espaço é que está inserido o coaching na educação, que pode ser um facilitador da modificação e da consciência dos coaches/professores, na ampliação de visão, reaproximando-os de seus líderes, que os acompanham desde que se formaram e que os motivam a lecionar. Com o coaching, os professores terão como testemunhar que pode ocorrer um impacto positivo em seu trabalho na reorientação de seus educandos, percebendo de modo claro que "seu esforço e dedicação estarão intimamente ligados e atrelados ao futuro de seus alunos" (Zaib; Gribbler, 2013, p. 289).

Tratando-se de coaching aplicado à pedagogia, quando um docente deseja organizar e planificar melhor o processo de ensino e aprendizagem, ao observar que um aluno apresenta dificuldades nos exames escolares, poderá desejar que ele alcance melhores resultados em relação a determinada competência (D'Addario, 2017a).

Na interpretação de Santos (2012), o coaching educacional é explicado pela associação à intenção de se estabelecer um novo paradigma, que surge quando o paradigma anterior revela conotações insatisfatórias; delineia-se, portanto, uma situação que representa uma oportunidade de aprendizagem e de evolução.

Em sua proposta, o coaching educacional é direcionado

Para professores, orientadores, coordenadores, diretores, pais, estudantes e curiosos que desejam potencializar e compartilhar seus propósitos pessoais entendendo a interdependência entre foco, vontade e capacidade e que o alinhamento entre conhecimento, habilidades, atitudes, valores e emoção é a ponte ao futuro desejado. Para aqueles que têm que gerar um ambiente de cooperação, inovação e coragem nos seus ambientes de trabalho. Para aqueles que reconhecem que as mudanças que estão acontecendo são fundamentais e exigem respostas e atitudes diferentes. (Santos, 2012, p. 90)

Considerado como a ferramenta perfeita e adequada à cultura da inovação na educação, o coaching aplicado em um processo de ensino possibilita que os alunos "aprendam a descobrir e a identificar novas áreas e formas associadas de pensar, sentir, agir e interagir e, assim, ampliar-lhes a consciência em relação a todo o processo educacional, saindo do papel de vítimas para serem agentes de sua própria mudança e transformação" (Zaib; Gribbler, 2013, p. 290).

O ingresso do coaching no contexto educativo visa à aprendizagem individualizada para que a orientação, a transmissão e o ensino alcancem os três órgãos da educação, que são os alunos, os educadores e os pais, em um novo modelo educativo: "Ao integrar esta nova metodologia, os alunos, formadores e pais vão ser os pilares fundamentais de uma educação centrada nas pessoas" (D'Addario, 2017a, p. 2).

Assim, no contexto educativo, o coaching tem como meta alcançar três órgãos principais no contexto escolar – equipe docente, pais e alunos – e como objetivo o desenvolvimento da confiança do formando em si próprio, a fim de que tome decisões, assuma responsabilidades para conseguir alcançar os objetivos ou metas já definidos previamente ao processo. (D'Addario, 2017a).

A estrutura do coaching no contexto educativo é composta por três pilares essenciais, os quais são sintetizados a seguir:

- **Coaching em contexto familiar**: formação de pais e mães pela implementação das ferramentas do Coaching para auxiliá-los na sua missão de educadores.
- **Coaching em sala de aula**: formação do docente como assessor acadêmico formado em competências de comunicação, resolução de conflitos, domínio emocional e liderança.
- **Coaching para alunos**: A formação de alunos coachees. A razão é que [[...] na idade escolar] são formadas de forma definitiva as possibilidades e valores das pessoas. (D'Addario, 2017a, p. 8, grifo do original)

O coaching é desenhado para a mudança e ela pode ocorrer em qualquer nível e espaço, porque é um processo que conduz o indivíduo à introspecção e à autopercepção. Em sua estrutura, o coaching traz um potencial de recursos que podem ser implementados de modo diferenciado, visando atender às demandas que o cenário educacional mantém e confirmando que o coaching se coaduna com a educação, o ensino e a aprendizagem (Zaib; Gribbler, 2013).

A questão do enfoque em uma mudança no meio educacional remete à transição para o coaching na educação, da utopia para a realidade, mediante uma reflexão: "Quando as escolas e os professores se sensibilizarão para experimentar a aplicação do coaching pensando na geração de novas ideias, possibilidades e respostas, com o propósito de criar um futuro diferente do que está aí?" (Zaib; Gribbler, 2013, p. 290).

A exemplo de outros coaches, os treinadores educacionais têm excelentes habilidades de comunicação e profundo respeito pelo profissionalismo dos professores, bem como detêm conhecimento acerca das práticas de ensino, as quais compartilham com os coachees professores. "Ao contrário de algumas outras abordagens, os coaches também frequentemente fornecem modelos de lições, observam os professores e simplificam as explicações das práticas de ensino que eles compartilham com os professores" (Knight, 2009, p. 30, tradução nossa).

Um professor deve ser considerado um apoio, e não uma ameaça, porque, para que o coaching tenha efeito, a relação entre coach e coachee deve implicar esforço, confiança, segurança e pressão mínima, desconsiderando-se as questões de aprovação e/ou de suspensão, visto que não há lugar para ameaças no coaching da educação (D'Addario, 2017a).

Assim, é preciso projetar um novo *design* com ações pedagógicas que atendam aos pilares da educação – aprender a aprender, aprender a conhecer, aprender a fazer, aprender a conviver e aprender a ser –, facilitando o desenvolvimento de liderança com uma visão transdisciplinar (Santos, 2012).

Entre essas novas ações esperadas, Zaib e Gribbler (2013) indicam a utilização dos fundamentos do coaching pelos docentes nas atividades, recomendando que o seguimento dos métodos inerentes a esse processo pelo professor possibilita que este exercite melhor sua intuição em relação aos alunos. Desse modo, o professor pode motivar o interesse dos alunos, beneficiando-os.

Salientam Zaib e Gribbler (2013, p. 291):

> O Coaching, na sala de aula ou fora dela, baseia-se em três conceitos-chave: a palavra ou linguagem – porque é assente no diálogo entre o formador (coach) e o formando (coachee) –, a aprendizagem – no sentido de aprender a aprender – e, por

último, a mudança – porque [...] é preciso imprimir mudanças nos nossos comportamentos, atitudes, destrezas, capacidades e competências e também nas dos outros para se chegar a uma solução.

Conforme D'Addario (2017a, p. 2), "A vantagem do coach é que ao fazer parte da comunidade educativa aparece como um profissional imparcial que observa de diferentes perspectivas a realidade escolar".

No contexto do coaching educacional, Knight (2009) entende como um dos itens mais importantes a teoria da abordagem, pois ela fornece uma base para todos os aspectos da vida profissional e pessoal do indivíduo. A realização de qualquer tarefa tem como base um conjunto de regras ou de princípios que são aceitos por serem eficazes, sendo que estes representam a teoria para a tarefa particular. "A teoria é a gravidade que retém qualquer abordagem sistemática, incluindo o treinamento instrucional" (Knight, 2009, p. 31, tradução nossa).

Na aplicação do coaching na educação,

> A maioria dos professores coloca-se num lugar qualquer da escala entre os extremos, embora o Coaching esteja num plano completamente diferente e combine as vantagens de ambos os extremos, sem os riscos de nenhum deles. Ao responder às perguntas do professor/coach, o aluno toma consciência de cada um dos aspectos da tarefa e das ações necessárias. Este conhecimento permite imaginar um sucesso quase garantido e, desta forma, decide assumir a responsabilidade. [...] Ao ouvir as respostas às suas perguntas, o professor/coach sabe não só o plano de ação como também o critério a seguir.

Agora está melhor [sic] informado do que se tivesse dito ao aluno aquilo que deveria fazer e, por isso, tem um controle maior daquilo que estiver a acontecer. (D'Addario, 2017a, p. 12)

Santos (2012) indica que a implementação do coaching educacional deve ser avaliada ao longo da jornada; para isso, propõe uma metodologia de avaliação pelo professor, baseada na tecnologia social certificada, por meio dos Indicadores de Qualidade de Projeto (IQP), que formam o conceito de qualidade pela somatória e interação de 12 índices, que se complementam, mas podem ser observados e mensurados individualmente. Esses índices que devem ser avaliados pelo professor constam no Quadro 1.2.

Quadro 1.2 – 12 índices de avaliação da implementação do coaching educacional

Ordem	Indicadores	Definição
1	Apropriação: equilíbrio entre o desejado e o alcançado	Esse indicador convida [o coach ou professor] a dar tempo ao tempo, a não fazer um instrumento de ensino forçado, a respeitar o tempo de aprendizagem e o ritmo de metabolização do conhecimento de cada um.
2	Coerência: relação teoria/prática	Esse indicador aponta a importância da relação equilibrada entre o conhecimento formal e acadêmico e o conhecimento não formal e empírico. Mostra que ambos são importantes porque são relativos, nenhum superior ao outro, mas complementares.

(continua)

Compreendendo conceitos

(Quadro 1.2 – continuação)

Ordem	Indicadores	Definição
3	Cooperação: espírito de equipe e solidariedade	Esse indicador instiga [o coach ou professor] a operar com o outro, que é o parceiro e sócio na mesma empreitada que é o ato educativo, incluindo a dimensão da solidariedade como base humana dos processos de ensino e aprendizagem, tomando o outro como fundamental para a educação ser algo plural.
4	Criatividade: inovação, animação/recreação	Esse indicador provoca [o professor] a criar o novo, a descobrir os caminhos obsoletos, a ousar caminhar na contramão do academicismo pedagógico ultrapassado, na busca de soluções criativas e inovadoras para a resolução de velhos problemas.
5	Dinamismo: capacidade de autotransformação segundo as necessidades	Esse indicador propõe que nos vejamos sempre a si próprio [sic] e ao outro como seres repletos de necessidades e em permanente busca de complementaridade. O homem veio ao mundo para ser completo e não para ser perfeito, que é esta a atribuição do Divino.
6	Eficiência: identidade entre o fim e a necessidade	Esse indicador convida o indivíduo a equilibrar as energias pessoais, adequando os meios e os recursos aos fins propostos. Devem ser adotados os pilares da aprendizagem: aprender a ser, aprender a fazer, aprender a conhecer e aprender a conviver.
7	Estética: referência de beleza	Esse indicador fala do bom gosto e da busca do lado luminoso da vida. Sendo a estética interpretada como a ética do futuro, é preciso reconstruir o conceito de estética que incorpora a luminosidade de todos os seres humanos, fontes e geradores de luz e de beleza.
8	Felicidade: sentir-se bem com o que temos e somos	Esse indicador aponta para a intransigente busca do ser feliz, e assim também do não ser feliz, como razão principal do existir do homem.

Compreendendo conceitos

(Quadro 1.2 – conclusão)

Ordem	Indicadores	Definição
9	Harmonia: respeito mútuo	Esse indicador conclama a compreensão e a aceitação generosa do outro, entendendo que cada um é meu igual, mas diferente, como contraparte do processo individual de aprendizagem permanente, bem como de incorporar os tempos passados e futuros ao presente.
10	Oportunidade: possibilidade de opção	Esse indicador apresenta o conceito contemporâneo de desenvolvimento, qual seja, mais geração de oportunidades, como meio e alternativa de construção de capital social. Quanto mais oportunidades formos capazes de gerar para os participantes dos projetos educacionais, mais opções eles terão para realizar suas potencialidades e suas utopias.
11	Protagonismo: participações nas decisões fundamentais	Esse indicador fala da possibilidade sempre presente para assumir desafios, romper barreiras, ampliar os limites do possível, disponibilizar os desafios, os saberes, fazeres e quereres, estando à frente do nosso tempo, e participar de forma integral da construção dos destinos humanos. Questões devem ser ditas e pensadas: O que cada um pode fazer? Queremos ser protagonistas de que peça, de que escola, de que país, de que sociedade?
12	Transformação: passagem de um estado para outro melhor	Esse indicador traduz a missão de passageiros pelo mundo, de inquilinos do paraíso, de propiciadores de mudanças, cuja responsabilidade é deixar para as gerações presentes e futuras um mundo melhor do que aquele que encontramos e o que recebemos de nossos antecessores.

Fonte: Santos, 2012, p. 91-92.

Na proposta para a implementação do projeto de coaching educacional, Santos (2012) sugere a introdução da programação neurolinguística (PNL) como ferramenta eficaz no coaching de pessoas e na utilização de estilos de pensamentos ou mapas cognitivos. Desse modo, é possível ao professor aprender a identificar a linguagem das pessoas com vistas a uma comunicação com integridade e sucesso.

Ainda, o coach pode aplicar variedades de abordagens pedagógicas do coach educacional em diferentes áreas, incluindo a separação de técnicas e ferramentas mais adequadas para criar uma arquitetura de soluções de formação dirigidas às necessidades dos participantes, de modo que o coaching educacional seja um espaço pedagógico em construção permanente (Santos, 2012).

Um professor coach, de acordo com Zaib e Gribbler (2013, p. 26), deve apresentar alguns atributos essenciais:

> [Ele] Se autoconhece. É competente na gestão de suas emoções, utilizando-se da inteligência emocional. Apoia as pessoas a fazerem e conquistarem metas e objetivos e uma vida extraordinária. É um mestre nos relacionamentos e nas comunicações intra e interpessoais. Possui conhecimentos, habilidades e atitudes para apoiar na transformação e na mudança humanas. Ajuda as pessoas a verem além do que são hoje, para enxergarem o que elas querem se tornar amanhã.

Para esse professor coach, algumas questões iniciais são importantes, incluindo a motivação para ser treinador, as influências recebidas, as mudanças pretendidas ou esperadas quando se tornar um coach e a forma de comportamento adotada, por exemplo (Zaib; Gribbler, 2013).

Em razão do fato de que as relações no coaching são coadjuvantes e não ameaçadoras, como resultado do diálogo, não há risco de alteração de conduta na ausência do professor, porque o coaching proporciona ao professor, ou coach, um controle real e ao aluno uma responsabilidade real. (D'Addario, 2017a).

Síntese

Neste capítulo, vimos a origem e a conceituação do coaching e a evolução que essa ferramenta apresenta desde a maiêutica de Sócrates, passando pelo campo dos esportes e chegando ao direcionamento dessa metodologia para as organizações. Destacamos também a influência da PNL no coaching, da psicologia humanista e do existencialismo.

Na sequência, tratamos dos nichos do coaching, da aplicação desse processo na atualidade e do coaching educacional, o qual permite que o indivíduo seja preparado para o desenvolvimento de habilidades técnicas e humanas e o abandono de ideias e capacidades antigas, além da mudança de pensamento.

Atividades de autoavaliação

1. Analise as afirmativas a seguir em relação ao coaching:
    I) O coaching é um processo de parceria com um cliente.
    II) O coaching é uma atividade que conduz o coachee ao alcance de avanços ou progressos.
    III) O coaching é responsável pela utilização de técnicas de comunicação filosófica da Grécia Antiga.

IV) Coaching é uma palavra anglo-saxônica, originada na Rússia, que denominava aquele que conduzia um veículo.
V) O coaching apresenta resultados como resposta à relação e ao apoio estabelecidos entre o coach e o coachee, bem como aos meios e processos de gestão utilizados.

Agora, assinale a alternativa correta:

a) Estão corretas as afirmativas I e III.
b) Estão corretas as afirmativas I e II.
c) Apenas a afirmativa IV está correta.
d) As afirmativas II e IV estão corretas.
e) Estão corretas as afirmativas III e V.

2. O coaching recebeu influência:
I) da psicoterapia humanista não diretiva descrita por Carl Rogers.
II) da psicologia humanista defendida por Abraham Maslow.
III) do existencialismo e das tradições espirituais orientais.
IV) da neurociência.
V) da ginástica.

Agora, assinale a alternativa correta:

a) Estão corretas as afirmativas I, II e III.
b) Apenas a afirmativa III está correta.
c) Apenas as afirmativas I e IV estão corretas.

58 Compreendendo conceitos

d) Apenas as afirmativas I e III estão corretas.
e) Estão corretas as afirmativas IV e V.

3. São competências do coaching:
   I) gerenciar progresso e responsabilidade.
   II) estabelecer confiança e intimidade com o cliente.
   III) falar ativamente.
   IV) planejar e estabelecer metas.
   V) elaborar respostas com potencial.

   Agora, assinale a alternativa correta:

   a) Todas as afirmativas estão corretas.
   b) Somente a afirmativa III está incorreta.
   c) Apenas as afirmativas I, II e IV estão corretas.
   d) Estão corretas as afirmativas IV e V.
   e) Estão corretas as afirmativas I e V.

4. O nicho de coaching executivo abrange diferentes modalidades, entre elas:
   I) coaching de carreira, coaching de liderança, coaching de férias, coaching de vendas, coaching de performance, coaching de negócios.
   II) coaching de vendas, coaching de liderança, coaching esportivo, coaching de comunicação, coaching para educadores.
   III) coaching de carreira, coaching de liderança, coaching de vendas, coaching de performance, coaching organizacional.
   IV) coaching de equipes, coaching empresarial, coaching de empreendimento, coaching de comunicação, coaching de desenvolvimento profissional.

V) coaching de gestores, coaching de férias, coaching de vendas, coaching de resolução de conflitos.

Agora, assinale a alternativa correta:

a) Estão corretas as afirmativas III e V.
b) Somente a afirmativa III está correta.
c) Apenas as afirmativas I e II estão corretas.
d) Apenas as afirmativas I e IV estão corretas.
e) Estão corretas as afirmativas II e V.

5. O coach e o mentor apresentam semelhanças e diferenças. Analise as afirmativas a seguir:
   I) O coach, contrariamente ao mentor, transmite conhecimento.
   II) O coach não é um terapeuta, mas um mentor no processo de coaching.
   III) O mentor pode ser um colega, que brilha em virtude do próprio carisma.
   IV) O mentor é um contrabandista entre o universo do conhecimento formal e o conhecimento experiencial do mundo da empresa.
   V) O coach acompanha a capacidade do coachee em refletir sobre o próprio pensamento.

Agora, assinale a alternativa correta:

a) Apenas as afirmativas II e IV estão corretas.
b) Apenas as afirmativas I e III estão corretas.
c) Somente a afirmativa I está correta.
d) Estão corretas as afirmativas II, III e V.
e) Estão corretas as afirmativas III, IV e V.

Atividades de aprendizagem

Questões para reflexão

1. Se o homem comum e/ou o profissional não têm como não evoluir ou crescer em seu potencial, em face das oportunidades que as inovações modernas, os sistemas informacionais e a comunicação global têm acarretado no cotidiano, um posicionamento correto e adequado diante das oportunidades de crescimento individual, que podem repercutir de modo geral para o bem-estar de um contingente maior de pessoas, implica tomar o coaching como uma excelente ferramenta para essa descoberta pessoal e das próprias competências em prol de um objetivo plural.

    Pesquise sobre as tendências do coaching no âmbito das inovações para a aprendizagem e a descoberta pessoal e, depois, elabore um texto reflexivo sobre as informações relacionadas ao coaching.

2. Após a leitura e a análise do conteúdo deste capítulo, reflita sobre os benefícios que o processo de coaching pode trazer para você e para as pessoas com as quais você convive. Elabore duas listas de benefícios que considere como resultados que podem ser alcançados por meio do processo de coaching, uma para você e outra para as pessoas com as quais convive.

Atividade aplicada: prática

1. Pesquise de modo amplo o que é um coach e qual é o papel essencial que ele deve exercer em um processo de coaching. Em seguida, elabore um esquema que mostre como você atuaria de modo prático com um coachee: identificando primeiramente um nicho de coaching no qual você poderia atuar e nele identificando o coachee para esse processo.

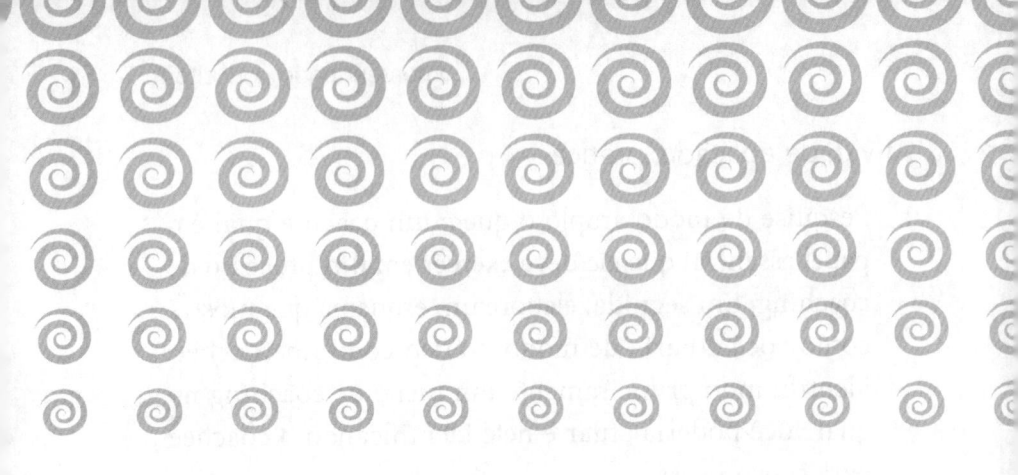

2
Do coaching ao neurocoaching

Neste capítulo, o tema de estudo compreende o coaching e sua expansão ao neurocoaching, tendo como propósito a apresentação deste último como uma ferramenta possível para a psicopedagogia.

Fazendo parte do domínio cognitivo, os assuntos abordados neste capítulo incluem a evolução e os aspectos do coaching e do neurocoaching na atualidade, a relação entre o neurocoaching e a psicopedagogia, além de novas possibilidades de aprendizagem.

2.1
Trajetória do coaching
ao neurocoaching

A evolução do coaching ao neurocoaching passa pela neuropsicologia, tendo em vista a busca por diferentes formas de realizar mudanças pessoais, alcançar objetivos previamente formulados para a consecução desse propósito.

Assim, uma das bases fortes do coaching tem sido atribuída à psicologia positiva, reforçando-se os objetivos do processo de coaching no desenvolvimento pessoal e profissional, com a obtenção da ressignificação. Nessa parceria, segundo propõe Marques (2016a),

> O Coaching utiliza algumas técnicas da Psicologia Positiva justamente porque ela estimula o foco nas emoções, qualidades e comportamentos positivos, trazendo maior assertividade, controle emocional e foco – habilidades extremamente importantes no mundo profissional. As disciplinas promovem ainda a desconstrução de barreiras mentais, o aumento das perspectivas e da positividade, além de promover o autoconhecimento. A dinâmica é simples: quem é mais positivo é mais produtivo, mais agradável e agrega valor social às organizações. Também constrói laços profissionais e pessoais, além de promover a confiança dentro do grupo de trabalho.

Quanto à neurociência, cabe observar os neurocientistas pesquisam o cérebro humano, o qual já foi objeto de pesquisa por Hipócrates, na célebre medicina da Antiguidade. Porém,

O termo *neurociência* se estabeleceu oficialmente na década de 1970, caracterizando-se essa ciência como multidisciplinar. Por ser assim, ela conta com a psicologia, a medicina, a biologia, a psiquiatria, a matemática, a informática, a antropologia, a fisiologia e a robótica, ainda que vinculada à engenharia elétrica (Hanisch; Mabrok; Wilimzig, 2016).

Os resultados das pesquisas em neurociências permitiram uma melhor compreensão das bases neurais do pensamento e da cognição humanos. Prescindir desse conhecimento implica renunciar a informações preciosas, segundo Hanisch, Mabrok e Wilimzig (2016).

Marques (2016a) recomenda que o indivíduo faça uso da psicologia positiva, cuja proposta é destacar mais as forças do que as fraquezas, mediante a promoção das qualidades do viver em detrimento da observação do que vai mal. Desse modo, o ramo da psicologia positiva tem como objetivo

> Estudar as emoções positivas (felicidade, prazer), traços positivos do caráter (sabedoria, criatividade, coragem, cidadania etc.), relacionamentos positivos (amizade, confiança, vínculos afetivos saudáveis) e as instituições positivas (escolas, empresas e comunidades). Uma característica central da Psicologia Positiva é que todas as suas aplicações são empiricamente testadas. (Marques, 2016a)

Porque não trabalha com os problemas das pessoas nem com a forma para remediá-los, a psicologia positiva tem foco na compreensão da ciência e na autonomia da felicidade, das experiências positivas, associada ao altruísmo e ao otimismo, confirmando que a saúde psicológica não é apenas a ausência de sintomas.

Devemos notar que muitos métodos de psicoterapia são semelhantes ou mesmo idênticos aos métodos de coaching. Por conseguinte, tais métodos de psicoterapia provêm das aplicações em coaching. Assim, ainda que os estudos da neurociência tratem diretamente do sujeito do coaching, não existe um período delimitado que indique o início desses estudos e da aplicação das informações sobre a neurociência e o coaching. E, embora existam livros sobre coaching e neurociência, eles se concentram apenas em descobertas neurocientíficas, que, de todo modo, são muito importantes para o coaching e os coachees (Hanisch; Mabrok; Wilimzig, 2016).

2.2
Da maiêutica ao neurocoaching

A filosofia tem sido identificada como uma das fontes inspiradoras do coaching, especialmente em relação à maiêutica, método que o filósofo grego Sócrates (470 a.C.-399 a.C.) utilizou com seus discípulos e que foi denominado de *método socrático*. O objetivo da maiêutica é "propor temas, instigar ideias com perguntas, ouvir o que os discípulos tinham a dizer, ensinar e, principalmente, a aprender. Seu objetivo básico era desenvolver pessoas" (Chiavenato, 2002, p. 64). De acordo com D'Addario (2016, p. 2), Sócrates "ajudava seus discípulos a aprender, fazendo-lhes perguntas e permitindo-lhes que encontrassem a resposta por si próprios. Em outras palavras, a pessoa que tenta aprender dá a si mesma as respostas a perguntas que ela mesma pensou".

Barreau (2011) refere a criação do coaching ao século V antes de Cristo, com o reconhecimento de Sócrates, inventor da maiêutica, como o pai da técnica. O autor explica a maiêutica da seguinte forma:

> A maiêutica (arte de dar origem a espíritos) é inspirada no parto (concessão, entrega de uma mulher no parto) e designa uma técnica que consiste em expressar o conhecimento das pessoas. Na Grécia Antiga, as maiêuticas visavam expor "o conhecimento escondido em si". Foi particularmente recomendado para pessoas em busca introspectiva. Para permitir esse "parto", Sócrates pratica um questionamento que permite ao sujeito se descobrir e acessar o conhecimento "de si mesmo". O famoso "conhecer-se" de Sócrates está na encruzilhada de técnicas de despertar espiritual, educação filosófica e política. Nesse sentido, a maiêutica socrática tende a favorecer o surgimento de uma consciência moral e a preservação de uma saúde física e psicológica. (Barreau, 2011, p. 2, tradução nossa)

O método que Sócrates utilizava, a maiêutica, consiste na realização de perguntas a fim que a pessoa resolvesse as questões de forma autônoma e ascendesse ao próprio potencial interior, que sequer conhecia. O filósofo acreditava que todos os homens poderiam realizar qualquer empreendimento ao qual se propusessem (Carril, 2010).

Cajaty (2017) destaca que a atualidade trouxe inovações ao método, que se relaciona intimamente com uma importante ferramenta utilizada por executivos e empresários, mas que conserva ainda a ideologia socrática: o coaching, ferramenta que, sob o entendimento filosófico, mantém a mesma proposta de desenvolver indivíduos com base na busca de cada um pelo aprendizado dentro de si, motivado pela busca do autoconhecimento que já fora estimulado por Sócrates em relação aos discípulos dele, na Grécia Antiga.

Comentado por Barreau (2011), em um nível filosófico, o método socrático é composto por três estágios:

1. a maiêutica, que consiste na ênfase às contradições de quem pensa que sabe e de quem ignora que não conhece;
2. a refutação, que esclarece as contradições da arte catártica;
3. a apatia, que corresponde à reversão pela reversão das três etapas do método.

Nesse processo da maiêutica, quatro tipos de relacionamentos associados ao conhecimento devem ser considerados: 1) o que sabemos que sabemos, que pode ser falso conhecimento afirmado; 2) o que sabemos que não sabemos; 3) o que não sabemos que sabemos; 4) o que não sabemos que não sabemos. Assim, é preciso observar a complexidade da arte da maiêutica, que tem como base a atitude de escuta muito particular do coach: de ironia. Ao fingir ignorância, o treinador faz o interlocutor questionar-se (Barreau, 2011).

As afirmações de Sócrates se davam no sentido de que não existe o ensinar, senão apenas o aprender. Ao ajudar as pessoas a aprender, esse filósofo utilizava-se de uma metodologia por meio da qual o interlocutor acabava encontrando por si mesmo a resposta ao próprio questionamento. É assim a maiêutica, que consiste de modo fundamental na utilização do diálogo com o propósito de alcançar o conhecimento (D'Addario, 2016).

Conforme a proposta de Sócrates em sua maiêutica, a técnica da indagação em coaching serve para identificar as possíveis reações que o coachee manifestará, de modo que pontos estratégicos de alta sensibilidade na estrutura de coerência dessa técnica sejam mapeados. Assim, a capacidade de indagar se torna uma competência fundamental para o coach, uma técnica que somente pode ser aperfeiçoada perguntando-se, pois "tornar-se especialista na indagação é um exaustivo exercício de prática. Isso não significa perguntar qualquer coisa. Antes, significa ter um roteiro para perguntar e estabelecer alguns limites para isso" (Reis, 2011).

O coach, no processo de coaching, deve observar as próprias ações para não exercer o papel de terapeuta, ainda mais se já tiver formação e práticas na área da terapia. Ao contrário, deve ficar atento aos próprios sentimentos durante as sessões de coaching, evitando sensibilizar-se com situações dolorosas que o coachee poderá relatar (Mendonça, 2011).

E, se a filosofia se concebe como a busca pelo conhecimento e pelo autoconhecimento, devemos recordar que Sócrates registrara as palavras do oráculo, "conhece-te a ti mesmo", confirmando que a reflexão sobre si é um bem essencial a todos os homens, a fim de que entendam e examinem as próprias preocupações, limitações e, mediante essa busca, cheguem a um amadurecimento e a uma atitude mais reflexiva e equilibrada (Cajaty, 2017).

O procedimento do coaching no sentido da maiêutica permite destacar as fases do método: primeiramente, expõe-se uma questão que, a exemplo da forma utilizada por Sócrates, pode ser expressa por meio de perguntas como:

O que é a virtude? O que é a ciência? Em que consiste a beleza? O interlocutor responde, e esta resposta é imediatamente discutida ou refutada pelo mestre. Segue-se uma discussão sobre o tema que resulte ao interlocutor certa confusão. Neste momento, de confusão e desconforto por não ver claro algo que antes do diálogo acreditava saber perfeitamente, é uma condição necessária para a aprendizagem, e Sócrates o identifica como as dores de uma mulher que dará à luz. Depois deste momento de confusão, a intenção do método maiêutica é progressivamente chegar a definições mais gerais e precisas a respeito da questão que se está investigando (a beleza, a ciência, a virtude). (D'Addario, 2016, p. 12)

Essa discussão segue até o momento em que o coachee, com a ajuda do coach, alcança o conhecimento universal, preciso e estrito da realidade a qual se investiga no momento, confirmando a ideia-base do método socrático de ensino, de que o mestre não inculca no aluno o conhecimento, pois o próprio indivíduo tira de si mesmo o conhecimento (D'Addario, 2016).

O processo de coaching utiliza a experiência do diálogo socrático e da maiêutica como métodos de investigação, indicando que o foco do coach é buscar que o coachee "vasculhe ao máximo seu mundo interno para a busca de referências ou para a criação de estratégias voltadas às mudanças desejadas" (Mendonça, 2011, p. 96).

A arte da maiêutica tem como pressuposto a reminiscência[1], inscrita pela teoria de Platão, considerando a competência individual do coachee em encontrar a verdade dentro de si, porque supõe que sua alma já conhecia essa verdade anteriormente, antes de tornar-se ignorante. "O coachee não aprende do coach, mas de si mesmo, que recebe estímulo do coach, que lhe auxilia a perguntar e a responder por si. Somente em poucas ocasiões o coach fornece soluções no sentido estrito" (D'Addario, 2016, p. 12).

De fato, seguindo o método socrático, o coachee deve formular as próprias respostas, tendo como base o campo de visibilidade que ele identifica nas sessões de coaching; momento em que

> Sua construção é constantemente adicionada de informações, vivências e soluções que incorpora nos encontros, nas tarefas e nas reflexões que faz. Ele deve tentar "arrancar" de dentro de si estas respostas, como propõe a maiêutica socrática. Seu

• • • • •
1 "Platão chamava [de reminiscência] a memória que o homem tem neste mundo da vida anterior em que contemplava as ideias de modo imediato. A reminiscência explica, de acordo com Platão, a atual apreensão de ideias através das sombras dos sentidos e constitui a única fonte de conhecimento verdadeiro. A reminiscência não é, no entanto, apenas o fundamento do conhecimento verdadeiro, mas uma das principais provas da imortalidade da alma. Pois 'se esse princípio é exato', escreve Platão no *Fédon*, 'é indispensável ter aprendido no passado as coisas que lembramos neste, o que seria impossível se nossa alma não existisse antes de assumir a forma humana'. Platão desenvolveu o conceito de reminiscência no *Fédon* [...], no *Mênon* [...], no *Fedro* [...] e nas *Leis* [...], caracterizando-se estritamente como uma noção central no platonismo. [...] Essa reminiscência é em Platão um princípio ativo da alma, o que faz despertar a alma do 'sonho' no qual está afundada quando vive entregue às coisas e à ação e se esquece da contemplação e do ser verdadeiro" (Ferrater Mora, 1965, p. 560-561, tradução nossa).

novo cabedal de referências vai se descortinando à medida que mergulha na experiência do coaching. (Mendonça, 2011, p. 96)

Quanto ao coach, nesse processo de maiêutica, ele apenas oferece respostas, contribui na formulação de perguntas, ficando à margem das atuações do coachee, que é o protagonista e é quem busca para si uma forma melhor de viver a vida, com mais dignidade. Por meio do coaching, surgem as perguntas e as respostas que podem contribuir para os propósitos humanos, que podem ser alcançados por meio da conquista de algumas virtudes específicas e necessárias, com foco na posição de liderança, em contextos empresariais, porque a partir do exercício do diálogo é possível a cada um conhecer-se melhor, a exemplo do que registrara Sócrates, e assim também conhecer as possibilidades de desenvolvimento pessoal e profissional (D'Addario, 2016).

A indagação, em um diálogo entre pessoas em coaching, deve seguir os parâmetros do ambiente; por exemplo, em uma sessão de coaching público realizada em ambiente profissional corporativo, as dimensões são opostas às observadas em exercícios de um coaching pessoal privado. Nos dois casos, é preciso que os questionamentos sejam conduzidos pelo coach na interação que foi previamente definida (Reis, 2011).

Com a maiêutica, o indivíduo consegue compreender melhor quem é e o que deseja ser, dando a si próprio a oportunidade de adquirir as habilidades necessárias para isso. A forma particular de interrogar proposta por Sócrates visa a que o coachee saia do próprio mundo, encontre-se consigo mesmo e formule uma definição precisa de quem é e do que poderá ser. A pretensão do coach, nesse momento, é a de que o coachee consiga fazer um projeto importante e encontre seu lugar no ciclo da vida (D'Addario, 2016).

Para Vieira (2016), "O neurocoaching, por sua vez; isto é, o coaching baseado nas neurociências, se destaca ainda mais quando o objetivo é ter um desenvolvimento mais eficaz".

2.3
Evolução do neurocoaching e sua aplicabilidade na psicopedagogia

Wunderlich (2016, p. 29) comenta sobre a necessidade de rever as situações educacionais e das escolas, considerando que é possível aplicar metodologias com mentalidade global e sistêmica que possam ajudar as instituições a sair do que ele denomina "atoleiro educacional", no qual a educação patina, para enfrentar o desafio de modificar a realidade e ascender a um novo tempo, que seja mais compatível com os anseios e as expectativas das pessoas e em prol das necessidades destas.

O autor assevera que a mudança nas escolas inclui a revisão dos métodos de ensino ultrapassados no sentido de revolucionar as mentes de educadores e administradores, alunos e pais, para que possam ser implementadas novas escolas. Essas mudanças, contudo, "Passam necessariamente pela mudança das pessoas, que, por sua vez, dependem das mudanças de concepção de mundo, da mentalidade, da visão, da cosmovisão, [dos] paradigmas ou modelos mentais" (Wunderlich, 2016, p. 30).

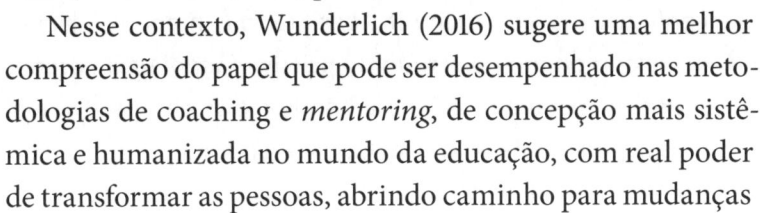

Nesse contexto, Wunderlich (2016) sugere uma melhor compreensão do papel que pode ser desempenhado nas metodologias de coaching e *mentoring*, de concepção mais sistêmica e humanizada no mundo da educação, com real poder de transformar as pessoas, abrindo caminho para mudanças estruturais sociais e educacionais.

Isso porque, associadas à educação, à escola, à aprendizagem, à formação de professores, às mudanças e à atualização de conteúdos curriculares, além da inovação em metodologias de ensino, há as questões sociais dos alunos e as dificuldades que, muitas vezes, podem estar presentes no processo de aprendizagem.

No ambiente da educação também se encontra a psicopedagogia, um ramo da psicologia que enfoca os fenômenos de fundo psicológico, buscando definir uma formulação adequada dos métodos didáticos e pedagógicos (Psicopedagogia, 2011).

Criada em razão da necessidade de compreender o processo de aprendizagem humana, a psicopedagogia se tornou uma área de estudo específica, que busca conhecimento em outros campos, criando o próprio objeto de estudo, que consiste no "processo de aprendizagem humana, seus níveis de desenvolvimento e a influência do meio nesse processo" (Castro; Amorim, 2011, p. 33).

Conforme Castro e Amorim (2011, p. 33-34), a psicopedagogia

É uma área de conhecimento que se dirige para o estudo da aprendizagem enquanto processo inerente ao ser humano, configurando-se no âmbito das ciências humanas. Nesse sentido, o objeto de estudo da psicopedagogia é a aprendizagem humana e o ser que aprende é o sujeito para o qual a psicopedagogia se dirige. Considerando que a psicopedagogia é um campo de conhecimento contemporâneo, ela se difere de outros campos como área de atuação e de reflexão, pois leva em consideração a objetividade e subjetividade humanas e o conhecimento das diversas formas de aprender. Ocupa-se dos problemas relacionados com a aprendizagem humana, atuando em áreas próximas à psicologia e à pedagogia. Evoluiu para atender às demandas sociais relacionadas aos problemas de aprendizagem e ao fracasso escolar, constituindo-se, assim, numa prática.

Compreender as dificuldades de aprendizagem que envolvem alunos requer a presença em sala de aula e a experiência escolar, analisando-se como os alunos aprendem, a forma como processam as informações e o que envolve o processo ensino-aprendizagem. Além disso, a análise das crenças pessoais e de autopercepções relacionadas ao autoconceito precisa primeiro considerar o "complexo universo de influência a que os alunos estão submetidos e suas relações com o comportamento e resultados obtidos, especialmente quando se trata de alunos com dificuldade de aprendizagem" (Costa, 2016, p. 129).

Esse universo de influência, portanto, bem como as relações comportamentais e os resultados, constitui-se de crenças – aquilo que é tomado como verdade – e impressões, marcas que vieram de experiências positivas e que podem gerar crenças úteis, bem como aquelas derivadas de experiências problemáticas, que restam como crenças limitantes e que são vivenciadas pelos alunos, caracterizando a aprendizagem humana e, na mesma compreensão, as dificuldades de aprendizagem, assim definidas:

> Um conjunto de transtornos que pode aparecer através de atrasos ou dificuldades na escrita, leitura, soletração e no cálculo, em um sujeito de inteligência normal ou superior e sem deficiências motoras, auditivas, visuais. Geralmente estas dificuldades não ocorrem em todas as áreas simultaneamente e podem se relacionar a problemas de comunicação, atenção, memória, raciocínio, coordenação, adaptação social e problemas emocionais. Está ligada também à análise da instituição "escolar" em seus diversos níveis, já que absorção de conhecimento do aluno depende de como ele recebeu estas informações, podendo desestimulá-lo do ponto de vista emocional. (Costa, 2016, p. 131)

No sentido de modificar as condições atuais da educação, Oliveira (2016, p. 22) ensina como aplicar o coaching e o *mentoring* na educação, descrevendo essa aplicação em cinco situações bem específicas, as quais são apresentadas a seguir.

1. **Com o próprio aluno:** compete ao coach e ao mentor elaborar vários mapeamentos de modo a encontrar as dificuldades, os bloqueios ou vícios emocionais que criem barreiras ao desenvolvimento do aluno. Identificados esses fatores, são utilizadas técnicas e ferramentas que eliminem ou minimizem essas dificuldades, motivando-se o

aluno para que ele desenvolva habilidades, competências e atitudes necessárias ao sucesso pessoal e acadêmico.

2. **Junto com a família:** nesse processo, o coach e o mentor trabalham visando equilibrar e potencializar as relações do ambiente familiar a fim de que se constitua em um ambiente de motivação para o aluno. A intenção é reduzir o desequilíbrio existente que possa dificultar ao aluno a melhoria do próprio desempenho pessoal e acadêmico.

3. **No ambiente escolar:** a situação requer que o coach e o mentor utilizem técnicas e ferramentas para produzir um mapeamento no ambiente escolar, buscando identificar possíveis barreiras ao desenvolvimento do aluno. "O esforço é equilibrar e potencializar as relações escolares para que o ambiente escolar sirva de motivação para o desenvolvimento pessoal e acadêmico" (Oliveira, 2016, p. 22).

4. **Com o professor:** nesse caso, o coach e o mentor utilizam ferramentas e técnicas com o professor a fim de que esse professor libere seu potencial e destrua vícios ou bloqueios emocionais, tendo em vista uma vida mais equilibrada e um ensino mais impactante e significativo. É possível que esse processo e a inclusão de técnicas de relaxamento promovam no professor uma visão mais apurada, além de uma abertura para o aluno, em relação a desenvolvimento pessoal, habilidades, competências e atitudes, com consequente geração de comportamentos positivos e assertivos. As mudanças internas podem propiciar ao professor mais força nas relações interpessoais, obtendo mais influência perante alunos, pais e administração da instituição escolar.

5. **Com os gestores:** trata-se de uma situação na qual são utilizadas pelo mentor e pelo coach ferramentas e técnicas com o gestor educacional, que inclui o pedagogo, o diretor, o monitor, a fim de que cada um liberte o próprio potencial, destrua vícios ou bloqueios emocionais e consiga ter uma vida mais equilibrada e saudável. Nesse processo, a ênfase recai na geração de foco, criatividade e energia, de modo a melhorar os processos administrativos e educacionais. A tese é a de que, ao criar mais motivação para ampliar a performance, a felicidade e a saúde dos professores e educadores, "O gestor passa a ter mais condições de criar um ambiente mais motivador e educativo, aumentando assim, cada vez mais, a qualidade do ensino ofertado e gerando resultados para as famílias e para o crescimento da sua própria escola" (Oliveira, 2016, p. 23).

Essas ações devem ser precedidas pelo mapeamento da estrutura interna do coachee. Oliveira (2016, p. 24) sugere o mapeamento emocional, a identificação de valores e crenças (eu sou), a avaliação da natureza motivacional e a análise comportamental como algumas das ferramentas que podem ser utilizadas para obter detalhes e informações sobre como trabalhar com cada cliente. Ainda, pode ser utilizada a técnica do *rapport*, que permite a ligação direta do coach com o emocional do coachee, de forma segura e confiável.

A conceituação de *rapport* é dada por Marques (2016b):

> *Rapport* é um conceito originário da psicologia que remete à técnica de criar uma ligação de empatia com outra pessoa. O termo vem do francês *rapporter*, cujo significado remete à sincronização que permite estabelecer uma relação harmônica.

A técnica objetiva gerar confiança no processo de comunicação para que a pessoa fique mais aberta e receptiva durante a terapia. Isso faz com que ela interaja, troque e receba informações com mais facilidade. O coaching se apropria da técnica de *rapport* para criar a sinergia necessária com o cliente e torná-lo mais receptivo durante as sessões. Esse método gera três comportamentos fundamentais nos envolvidos: coordenação, positividade e atenção mútuas. Ele constrói laços de compreensão e estabelece um diálogo em que todas as opiniões são consideradas e os pontos de vista e valores correspondidos e respeitados.

Wunderlich (2016, p. 30) afirma que "Mentoring e coaching devem se inserir ao dia a dia escolar" e que uma formação em coaching e *mentoring* educacional, com vistas a uma ampla qualificação das escolas e das instituições educacionais mediante a capacitação, a incorporação e a aplicação das técnicas de coaching e *mentoring*, deveria ser pensada pelo corpo docente e pelos orientadores em relação aos coachees, que podem ser pais, alunos e os próprios docentes.

As metodologias de coaching e mentoring são conhecidas pelo caráter universal, de grande importância para a humanidade, porque não têm donos, não são controladas por órgãos do Estado ou escolas nem têm certificadores oficiais. Há, no entanto, diferentes escolas, e assim também diferentes abordagens, sendo que algumas escolas ensinam apenas o coaching, com foco em metas e resultados. De fato, "coaching e mentoring podem perfeitamente ser aplicados informalmente em sala de aula e no dia a dia operacional da escola" (Wunderlich, 2016, p. 31).

2.4 Neurocoaching e novas possibilidades

Na interpretação de Vieira (2016),

> O Neurocoaching é a mistura do já conhecido Coaching com técnicas aplicadas ao cérebro pela neurociência. Isto é, essa área da ciência, que se dedica exclusivamente a estudos avançados acerca do cérebro humano, é utilizada junto com as técnicas de Coaching para despertar o melhor do indivíduo através da mudança da mentalidade. Assim, o participante das atividades de Neurocoaching aprende a lidar e a enxergar as coisas de outra forma.

Desse modo, por meio das neurociências, que são aplicadas a técnicas de coaching, o indivíduo participante de um processo de coaching consegue um desenvolvimento mais eficaz em razão da produção de novas referências pelo cérebro, à medida que previamente produz sinapses. Dessa forma, quando o indivíduo se vê questionado ou diante de um impasse na vida, o cérebro dele já busca as soluções eficientes, presentes em todos os aspectos da vivência humana (Vieira, 2016).

Zaib e Gribbler (2013) apresentam um teste de mapeamento e tipologia cerebral, composto por 25 questões referentes a assuntos diversos, com pontuações individuais para cada questão, as quais deverão ser somadas ao final e indicarão a tipologia cerebral do participante.

Além disso, o Instituto Brasileiro de Coaching (IBC) disponibiliza um teste de comportamento cujo objetivo é estimar a personalidade dos participantes. Essa análise do comportamento mediante a utilização do teste de perfil comportamental, adaptada do trabalho de Ned Herrmann, consiste em uma inovação, pois traça o perfil de cada um dos participantes com base em um mapa comportamental que indica qual é a dominância cerebral e como as preferências determinam os comportamentos e os valores que motivam cada pessoa (Marques, 2018).

Síntese

Neste capítulo, abordamos a evolução do coaching ao neurocoaching, destacando no contexto dessa trajetória a transição da maiêutica para o neurocoaching, que tem como base a neurociência.

Examinamos também a evolução do neurocoaching e a aplicação desse método na psicopedagogia, com base em mudanças no âmbito escolar, revisão das metodologias de ensino e aceite de inovações que dotem a escola de qualificação com vistas à melhoria do ensino e da formação humana.

Atividades de autoavaliação

1. O método socrático, que serve de base ao coaching, compreende quais estágios?
   I) Maiêutica
   II) Catarse
   III) Refutação

IV) Filosofia
V) Apatia

Agora, assinale a opção correta:

a) Apenas as alternativas I e III estão corretas.
b) Apenas as alternativas I e II estão corretas.
c) Somente a alternativa V está correta.
d) Estão corretas as alternativas I, II e IV.
e) Estão corretas as alternativas I, III e V.

2. Com relação ao coaching, analise as afirmativas a seguir:
   I) O processo de coaching utiliza a experiência do diálogo socrático e da maiêutica como métodos de investigação.
   II) Entre o coach e o coachee, podem surgir perguntas e debates.
   III) A maiêutica considera a competência individual do coachee em encontrar a verdade dentro de si.
   IV) Compete ao coach formular as próprias respostas.
   V) Por meio do coaching, surgem as perguntas e as soluções que podem contribuir para os propósitos humanos.

Agora, assinale a alternativa correta:

a) Estão corretas as afirmativas II e IV.
b) Estão corretas as afirmativas I, III e V.
c) Apenas as afirmativas I, II e III estão corretas.
d) Apenas as afirmativas I e II estão corretas.
e) Somente a afirmativa IV está correta.

3. Com relação às informações sobre a neurociência, a psicoterapia e a psicologia positiva, analise as afirmativas a seguir:
   I) A neurociência é multidisciplinar.
   II) O termo *neurociência* se estabeleceu oficialmente na década de 1970.
   III) O cérebro foi objeto de pesquisa por Sócrates.
   IV) Muitos métodos de psicoterapia são semelhantes ou mesmo idênticos aos métodos de coaching.
   V) A psicologia positiva tem suas aplicações testadas em diferentes laboratórios.

   Agora, assinale a alternativa correta:

   a) As afirmativas III e V estão corretas.
   b) Somente a afirmativa V está correta.
   c) Estão corretas as afirmativas II e IV.
   d) Estão corretas as afirmativas I, II e IV.
   e) Apenas as afirmativas I, II e III estão corretas.

4. Referente ao coach, é possível afirmar que:
   I) ele deve propor soluções ao coachee, quando este se encontra indeciso.
   II) a capacidade de indagar se torna uma competência fundamental.
   III) ele deve estar atento aos próprios sentimentos durante as sessões de coaching.
   IV) ele deve ter como foco fazer com que o coachee vasculhe o próprio mundo interno.
   V) ele fornece soluções ao coachee de modo amplo e frequente.

Agora, assinale a alternativa correta:
a) As afirmativas I e IV estão corretas.
b) Somente a afirmativa II está correta.
c) Estão corretas as afirmativas II, III e IV.
d) Estão corretas as afirmativas I, II e IV.
e) Apenas as afirmativas I, III e V estão corretas.

5. Sobre o conceito de *rapport*, analise as afirmativas a seguir:
   I) Indica que uma pessoa pode criar um vínculo de empatia com outra.
   II) Permite a ligação direta do coach com o emocional do coachee, de forma segura e confiável.
   III) É uma técnica que ajuda a pessoa a manter consigo as informações pessoais.
   IV) Considera apenas a escuta pelo coachee sobre as instruções que recebe.
   V) É utilizado no processo de coaching para que o coach possa ensinar o coachee.

Agora, assinale a alternativa correta:
a) As afirmativas I e V estão corretas.
b) Somente a afirmativa III está correta.
c) Estão corretas as afirmativas II, III e IV.
d) Estão corretas as afirmativas I e II.
e) Apenas as afirmativas II e V estão corretas.

Atividades de aprendizagem

Questões para reflexão

1. O coaching, assim como a associação dessa ferramenta com o neurocoaching, com a neuropsicologia e com a psicologia positiva, tem auxiliado os indivíduos em seu desenvolvimento pessoal e profissional. Desse modo, a aplicação do coaching visa a uma melhoria da pessoa à medida que destaca as forças e a qualidade do viver em detrimento das fraquezas pessoais.

   Tendo isso em vista, reflita sobre como o coaching pode proporcionar melhorias em sua vida e descreva a situação presente e as perspectivas de mudança.

2. Como é possível conseguir rever as próprias fraquezas e pensar que cada um tem em si a capacidade de modificar-se perante tais fraquezas? Relacione suas fraquezas e as alternativas que considera possíveis para modificá-las.

Atividade aplicada: prática

1. Em muitas publicações sobre o coaching, são feitas amplas referências ao domínio de crenças sobre as ações humanas individuais, muitas vezes contribuindo para a manutenção de comportamentos que limitam o próprio desenvolvimento pessoal. Além disso, a plasticidade tem sido referida como a capacidade dos neurônios de alterarem a própria função, o perfil químico ou a estrutura, envolvendo mecanismos como a habituação, o aprendizado e a memória. Como atividade prática, realize uma leitura

final sobre as funções cerebrais informadas pela neurociência, pela neuroplasticidade e pelo coaching, de modo a compreender como é possível eliminar ou modificar as crenças. Para encontrar sugestões de leitura, consulte a seção "Referências" deste livro.

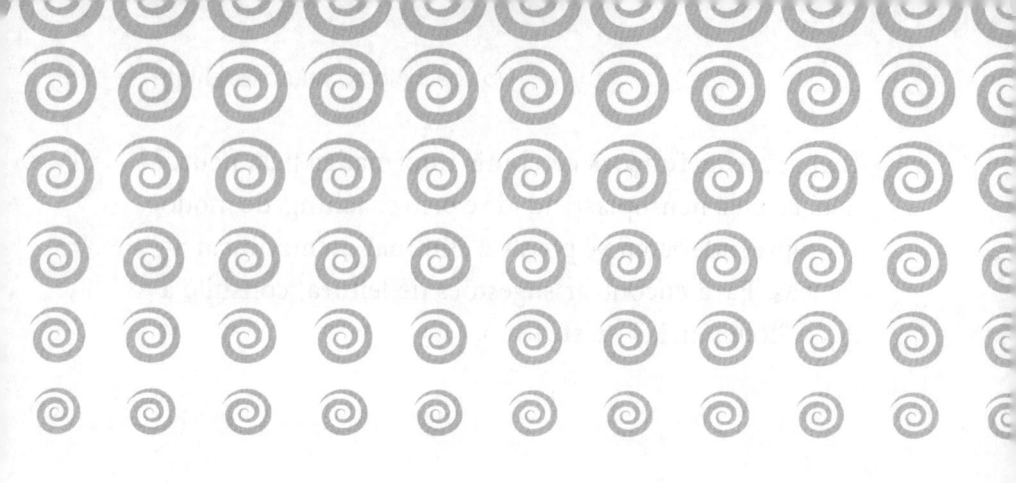

3
Noções de neurocoaching

Neste capítulo, veremos noções sobre o funcionamento cerebral aplicadas ao neurocoaching, seguindo o objetivo geral desta obra, que consiste em abordar o neurocoaching e suas estratégias.

O conteúdo se encontra no domínio cognitivo e tem como direcionadores da pesquisa os objetivos de descrever conceitos e aplicações do neurocoaching, bem como os conceitos de aprendizagem, foco na solução, *feedback*, estrutura e distinção.

3.1 Conceitos do neurocoaching

Marques (2017) define o neurocoaching como "O resultado da junção dos conhecimentos avançados sobre o cérebro humano com as técnicas do Coaching". Nas palavras de Inácio (2012), é "A junção do coaching já conhecido acrescido das técnicas aplicadas ao cérebro pela neurociência e do mental através da neuropsicologia". Em definição proposta por Cuerva, Soubriet e Foffani (2015, p. 20, tradução nossa), os autores afirmam que

> Se trata da aplicação da neurociência ao coaching. Está relacionado com o funcionamento dos neurônios. Ajuda-nos a tomar consciência das coisas e decidir se queremos ou não mudá-las. Está dirigido a todos os tipos de pessoas e circunstâncias. Busca-se que a pessoa saiba o que significam e que efeitos têm as palavras, pensamentos e ações em sua conduta e em sua saúde. Dito de outra maneira, se conseguimos ter consciência de nossos pensamentos e hábitos, poderemos mudá-los. Se não, não. O coaching não é senão um caminho de aprendizagem. Extrai o melhor de cada um de nós e promove o descobrimento a partir da reflexão. "Não é a resposta o que te ilumina, mas a pergunta."

Para Barbosa (2016), o neurocoaching é "a união dos conhecimentos das neurociências e coaching com objetivo de maximizar os resultados de um indivíduo, grupo ou empresa, através das descobertas das neurociências e das ferramentas de coaching".

Devemos perceber que o neurocoaching e o comportamento humano estão intrinsecamente vinculados, quando pensamos na possibilidade de melhoria de qualidade de vida e autoestima do indivíduo por meio do conhecimento que ele tem de si e dos próprios processos mentais.

Zaib e Gribbler (2013), ao questionarem por que o ser humano sofre, salientam que, desde a Antiguidade até hoje, os estudos e as pesquisas relacionados às potencialidades do cérebro, bem como a contextualização dessas potencialidades com o psiquismo e o comportamento humano, sinalizam que o homem acessa, se comporta, age ou reage, pensa e cria utilizando cerca de 5% da capacidade cerebral e mental.

Estudos das áreas de psicologia, neuropsicologia, psicofisiologia e das modernas tendências das neurociências indicam que o homem é comandado por 99% de sua inconsciência, empregando apenas 1% de consciência. Isso nos leva a concluir que são os procedimentos psíquicos, químicos e biológicos, ordenados e controlados pelo sistema inconsciente da mente e regidos pelo cérebro, os responsáveis pelos processos que regem o pensamento, o comportamento e a vida humana (Zaib; Gribbler, 2013).

Entre essas ciências, destaca-se a neuropsicologia, que "É uma ciência aplicada que está relacionada às manifestações comportamentais de disfunções cerebrais" (Balsimelli et al., 2004, p. 155). Com rápido crescimento nas últimas décadas, é o reflexo do interesse crescente de profissionais da área de psicologia e demais profissionais da saúde pelos problemas práticos de identificação, cuidado e tratamento de pessoas com danos cerebrais (Bock, 2004).

Entre os objetivos da neuropsicologia está o estudo da relação direta que se estabelece entre os modelos neurais e os modelos cognitivos, especialmente quanto às funções cognitivas de memória, linguagem, percepção, comportamento e à dinâmica psicológica do indivíduo (Inácio, 2012).

Portellano Pérez e García Alba (2005) informam, a respeito da neuropsicologia, que a contemporaneidade trouxe um novo modelo teórico proposto por Alexander Romanovich Luria (1902-1977), que é considerado o pai da moderna neuropsicologia, em virtude da criação da teoria de localização das funções psicológicas superiores do homem, denominada *teoria da localização sistêmica dinâmica das funções*. Essas funções eram entendidas por Luria como sistemas complexos dinâmicos que se formam durante o desenvolvimento ou mediante uma transformação social.

Com esse modelo teórico de Luria, a consolidação da neuropsicologia teve um forte impulso, sendo considerado o neuropsicólogo como o responsável por identificar funções alteradas e estabelecer o transtorno existente e a zona cerebral lesada, passo inicial para a reabilitação da função afetada por dano cerebral. No modelo proposto por Luria, o estudioso definiu as três leis que regulam as funções das zonas cerebrais: "lei da estrutura hierárquica das áreas corticais [...]; lei da especificidade decrescente das áreas corticais organizadas hierarquicamente que a compõem [...]; lei de lateralização progressiva das funções" (Portellano Pérez; García Alba, 2005, p. 20, tradução nossa).

Além disso, associada à neuropsicologia, destaca-se a psicologia cognitiva, a qual postula que a mente é um sistema de processamento de informações constituído por diferentes subsistemas, desenvolvendo também diferentes métodos correlacionais que visam determinar o funcionamento do cérebro e revelar os padrões de atividade mental associados ao processamento da informação (Portellano Pérez; García Alba, 2005).

A neuropsicologia está presente nos conceitos de coaching e de neurocoaching, conforme a explanação feita por Marques (2017):

> Para entender como funciona o Neurocoaching e seus benefícios, o primeiro passo é entender o que é Neurociência, a base de todo esse processo. Ela diz respeito ao estudo sobre o sistema nervoso central, bem como sua estrutura, a forma como ele se desenvolve, seus aspectos fisiológicos, falhas e alterações que ocorrem ao longo da vida do ser humano. Além disso, a Neurociência estuda o nosso cérebro, nossa capacidade cognitiva, memória, aprendizado, emoções, comportamentos, reações quanto aos estímulos internos e externos, nossas vivências e experiências.

De acordo com Lundy-Ekman (2008), a neurociência é uma ciência relativamente nova, que busca compreender o sistema nervoso, em relação a desenvolvimento, química, estrutura, função e patologia.

Assim, no ambiente da neuropsicologia está presente a nova temática de investigação que conduz ao neurocoaching.

O funcionamento do neurocoaching deve seguir algumas etapas que têm início, segundo Marques (2017), com "a realização de uma série de perguntas que fazem o cérebro buscar conhecimentos que já possui, para encontrar a resposta mais adequada". O objetivo é incentivar o cérebro a elaborar pensamentos mais eficientes e profundos, de modo que possa propor estratégias, trabalhos e métodos que possibilitem o alcance do sucesso desejado.

Conforme Inácio (2012), o neurocoaching tem como objetivos:

1. Adquirir autoconfiança e autorresponsabilidade sobre si e os outros [sic];
2. Ser mais produtivo;
3. Ter metas e valores definidos e alcançados;
4. Descobrir a verdade pessoal, intelectual e espiritual sobre si mesmo;
5. Torna o indivíduo mais criativo, seguro e inteligente;
6. Aprende-se a trabalhar efetivamente em equipe;
7. É uma ótima relação custo versus benefício para a empresa.

Compreendemos que o neurocoaching possibilita ao ser humano o desenvolvimento de habilidades importantes, que incluem a boa comunicação, a motivação e a automotivação, a capacidade de planejar, a transformação e a mudança em busca de novos caminhos, o cultivo da ética no caráter, a busca constante pelo aprendizado, a elaboração de ótimos pensamentos e entendimento, a capacidade de ser adaptável e flexível. Além disso, "o neurocoaching também desenvolve a autoconsciência, autocontrole, iniciativa, superação, otimismo, dinamismo, liderança, empatia, gerenciamento de conflitos e alta inteligência emocional" (Inácio, 2012).

Trata-se, de acordo com Marques (2017), de uma metodologia que:

através de uma melhor compreensão de como o nosso cérebro funciona e reage, auxilia no desenvolvimento do autoconhecimento, na realização de ações e mudanças positivas, no aprimoramento de capacidades diversificadas, na potencialização de novas habilidades, no controle e superação de problemas ou situações extremas, na criação de novos hábitos e comportamentos e no redirecionamento de energia rumo à mudança e estado desejado.

Gomes (2017, p. 115) define o autoconhecimento como "a capacidade de reconhecer as próprias emoções, identificando pontos fortes e limitações, tornando-se confiante sobre o seu próprio valor". Com relação ao autoconhecimento em crianças, o autor indica que o estímulo acontece quando elas são auxiliadas na conexão entre seus pensamentos e emoções, tornando-se aptas a expressar o que pensam e sentem, conscientizando-se de seu autovalor.

Segundo comentários de Zaib e Gribbler (2013) sobre a formação em coaching, o ser humano precisa conhecer as leis da natureza (Deus) e as leis dos homens (sociais), para assim deixar de sofrer. Com os estudos das neurociências e da programação neurolinguística (PNL), o indivíduo pode obter o descortinamento para a tomada de consciência com respeito às potencialidades e possibilidades que se encontram no interior do próprio Ser.

No processo de coaching, o indivíduo pode descobrir e redescobrir, pois essa ferramenta pode proporcionar a reavaliação de um método de educação que tenha gerado crenças limitantes e, com isso, ele pode torná-las conscientes e passíveis de serem transformadas em crenças melhores e realizadoras (Zaib; Gribbler, 2013).

Devemos ter em mente que a autoconsciência é imprescindível e um tema bastante abordado em um processo de coaching, considerando que toda iniciativa e transformação de mudança tem início na autoconsciência. Marion (2017, p. 41) define a autoconsciência como "produto do foco, da atenção, da concentração e da clareza. Significa estar consciente, ou seja, não ignorar ou desconhecer. Uma característica que nos distingue de todos os outros animais criados".

Quanto aos níveis de consciência, estes podem apresentar-se como conteúdos ricos ou pobres em um indivíduo, acerca de determinada realidade. Com o coaching, o objetivo é que seja aumentada a quantidade dos fatos e da qualidade (relevância) do nível de consciência. Uma ampliação da autoconsciência possibilita o aumento da capacidade de o indivíduo ver o que antes não via. Assim, um nível de autoconsciência baixo implica um governo inconsciente (Marion, 2017).

Compreendendo que o comportamento e o pensamento humanos têm características inatas positivas e negativas, originadas do cérebro, podemos entender que, com as técnicas e ferramentas do neurocoaching, consegue-se atingir a autoconsciência e o reconhecimento das falhas, dos hábitos destrutivos, das ações sabotadoras e dos condicionamentos que acompanham o indivíduo, com vistas à eliminação dessas características e ao alcance de objetivos pretendidos (Marques, 2017).

Segundo Lupi (2014), as técnicas da PNL e o coaching analisam e organizam o espaço interior da pessoa, que, com o tratamento desse espaço, pode enfrentar o mundo exterior, o que se torna possível mediante a habilidade de programar e reprogramar a maneira como a mente e o corpo humanos trabalham juntos, de forma rápida e não invasiva.

3.2
Aprendizagem autodirigida

Nesta seção, vamos destacar inicialmente as colocações de López-Escribano (2009, p. 48), quando refere a leitura como uma forma extraordinária de aprendizagem, comentando sobre os primeiros hieróglifos, criados há mais de 5 mil anos, e os alfabetos fonéticos antigos, com cerca de 3,5 mil anos de idade.

Nos tempos antigos, a leitura esteve reservada às classes privilegiadas e aos mosteiros, inclusive em épocas relativamente recentes, como a revolução industrial, as pessoas alfabetizadas se limitavam a uma pequena porcentagem da população.

Na sociedade atual a linguagem escrita é o meio principal de transmissão da informação. As pessoas analfabetas têm grande dificuldade em se movimentar com desenvoltura em nossa sociedade e é quase inconcebível pensar que alguém não pode ler em uma sociedade onde a imagem e o texto são transmitidos a velocidades vertiginosas.

A leitura é um exemplo engenhoso de conectividade **intelectual** e **neuronal**, estas duas dimensões, que poderíamos chamar **filosóficas** e **fisiológicas**, são raramente descritas juntas. (López-Escribano, 2009, p. 48, grifo do original, tradução nossa)

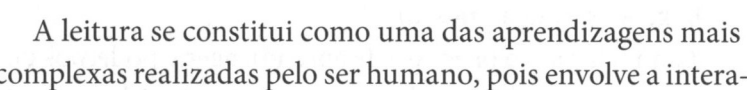

A leitura se constitui como uma das aprendizagens mais complexas realizadas pelo ser humano, pois envolve a interação coordenada de sistemas cerebrais visuais, auditivos, motores, cognitivos e linguísticos. Conforme López-Escribano (2009, p. 48, tradução nossa), "Enquanto a linguagem se desenvolve de forma inata com as influências ambientais apropriadas, a leitura é uma construção cultural e deve ser explicitamente ensinada".

Para esse ensino, a investigação da neurociência fornece vislumbres fascinantes concernentes ao desenvolvimento e à função do cérebro; porém, a pesquisa sobre o cérebro ainda não é relevante em muitos campos da educação. Assim, a combinação da neurociência com a educação representa uma nova fronteira na ciência; como tal, "levará tempo e esforço para desenvolver os fundamentos do conhecimento neste novo campo que une mente, cérebro e educação" (López-Escribano, 2009, p. 48, tradução nossa).

Quando o assunto é a aprendizagem autodirigida, a leitura é condição essencial de acesso ao conhecimento. Nesse sentido, cabem as considerações de Buttazzi (2011, p. 191), ao mencionar o *life coaching*, ou o coaching pessoal, definido como "uma metodologia de mudança destinada a pessoas físicas, que buscam mudar de vida, pensar positivamente, agir e atingir objetivos pessoais, profissionais e qualidade de vida".

A aprendizagem requer comportamentos e ações para além da prática de escrever e anotar, no sentido de fazer algo em relação ao que se aprende. "Desde cedo as pessoas tendem a reagir ao ambiente e reações são parte da aprendizagem.

No entanto, ações autoestimuladas e autodirigidas vão consolidar a aprendizagem de forma mais completa" (Dilts; Epstein, 2001, p. 30, tradução nossa).

Com relação ao processo de aprendizagem, podemos destacar as recomendações de Santos (2012) segundo as quais professores, pesquisadores e profissionais na área educacional podem se beneficiar do coaching. O autor cita de modo específico o coaching e o perfil do professor, do pedagogo, do coach e do coachee, afirmando que o que se espera na atualidade são um professor e um aluno estrategistas "que procura[m] incessantemente reunir as informações colhidas e os acasos encontrados durante o percurso" (Santos, 2012, p. 25).

Alerta Santos (2012) que o ensino, de todo modo, segue um programa, enquanto a vida exige estratégias e descobertas de coisas agradáveis por acaso, além da arte. O autor salienta ainda que matérias distintas ganham autonomia e é preciso que a pessoa aprenda a conhecer, separando e unindo, analisando e sintetizando, concomitantemente, de forma a transmitir algo real, ação esta que exige competência, técnica e arte.

López-Escribano (2009) relaciona as contribuições da neurociência ao ensino concreto para a aprendizagem da leitura. Na descrição do cérebro humano, a autora indica estudos sobre a estrutura desse órgão, que inclui o nível microanatômico, com neurônios e células gliais, e o nível macroanatômico, com diferentes áreas ou sistemas que formam a arquitetura estrutural cerebral.

Em uma explanação sobre a formação do cérebro, buscando mostrar como ocorre o aprendizado pelo indivíduo, López-Escribano (2009, p. 52, tradução nossa) registra:

Nem todas as células cerebrais são neurônios. As **células gliais** constituem o revestimento e a estrutura de suporte dos neurônios. Algumas células gliais envolvem a membrana celular formando uma cobertura branca denominada **bainha de mielina** ou **mielínica** [...]. A mielina contribui para aumentar a velocidade com a qual as células se comunicam entre si.

Os neurônios se comunicam uns com os outros através de sinapses. A sinapse é um fato comunicativo entre dois neurônios, um pré-sináptico e um pós-sináptico. Durante a sinapse, um sinal elétrico torna-se um sinal químico, esse sinal químico é convertido novamente em sinal elétrico no neurônio receptor. A sinapse é produzida pela liberação de neurotransmissores químicos que causam ativação de receptores específicos. Não é um contato direto, já que existe uma separação infinitesimal entre as duas células. Para que o sinal seja enviado, é imprescindível a condução do impulso nervoso nos chamados botões terminais, que são as últimas estruturas de ramificação e diversificação axônica do neurônio pré-sináptico. As sinapses permitem aos neurônios formar uma rede de circuitos neurais.

Essa atividade neuronal requer energia. O cérebro usa glicose por suas funções de energia, sem ele as células do cérebro morreriam; essa glicose é extraída do sangue, que irriga o cérebro. Mitocôndrias no **núcleo da célula** absorvem e metabolizam a glicose, que impulsiona o processo de produção da atividade elétrica e química dos neurônios. [grifo do original]

Acrescentamos a conceituação de Machado (2002), o qual explicita que o tecido nervoso do cérebro é composto por dois tipos celulares: os neurônios e as células gliais ou neuroglia. "O neurônio é a sua unidade fundamental, com a função básica de receber, processar e enviar informações", enquanto a neuróglia "Compreende células que ocupam os espaços entre os neurônios, com funções de sustentação, revestimento ou isolamento, modulação da atividade neuronal e defesa" (Machado, 2002, p. 17).

Cabe observar ainda que, ao descrever os neurônios, assim se expressa Machado (2002, p. 17): "São células altamente excitáveis que se comunicam entre si ou com células efetuadoras (células musculares e secretoras), usando basicamente uma linguagem elétrica, qual seja, modificações do potencial de membrana".

Estudos da neuropsicologia têm indicado avanços na busca de explicações sobre o funcionamento dos processos cognitivos com base em estudos clínicos e experimentais:

> Na última década, os modelos de conexão estão tendo especial relevância, ou chamados modelos de rede neural. Esses modelos levam em consideração as principais características de funcionamento do cérebro e são baseados em conjuntos de unidades interligadas; assume-se que cada um deles corresponde a um neurônio ou a um pequeno grupo de neurônios [...]. Um dos pressupostos dos quais partem os modelos conexionistas é que o cérebro é uma entidade física que age

de acordo com leis bioquímicas e que não funciona como um computador de tipo convencional, isto é, em série, mas de forma paralela. Desse modo, no cérebro, o conhecimento é armazenado estruturalmente, isto é, como padrões distribuídos de forças sinápticas excitatórias ou inibitórias cujas forças determinam o fluxo de respostas neurais que vão contribuir para a percepção e o pensamento. (Portellano Pérez; García Alba, 2005, p. 22, tradução nossa)

Atualmente, a neuropsicologia tem como foco de discussão a obtenção de evidências sobre a forma dos processos cognitivos por meio da evolução clínica e experimental, bem como com a utilização de técnicas que proporcionam as evidências com relação às zonas que se ativam no cérebro quando o indivíduo está realizando uma tarefa que provoca uma determinada atividade cognitiva (Portellano Pérez; García Alba, 2005).

Na aprendizagem autodirigida, o indivíduo aprende com mais eficiência quando encontra as próprias respostas. Ao coach compete a função de auxiliar os coachees a pensar melhor, ajudando-os a refletir sobre as próprias questões e a encontrar as soluções que considerem apropriadas ao caso. Nesse processo de aprendizagem autodirigida do coaching, o coach deve evitar a utilização de julgamentos pessoais, a introdução de valores próprios e rótulos, de modo a proporcionar um relacionamento adequado de aliança com o coachee (Zaib; Gribbler, 2013).

Portanto, na aprendizagem autodirigida, de acordo com Zaib e Gribbler (2013, p. 112), "Julgamentos, interpretações, conselhos, respostas e soluções próprias do coach devem ser evitadas em busca de um eficaz e dinâmico processo de aprendizagem, e desenvolvimento transformacional".

O comportamento que tem como base as próprias iniciativas facilita a aprendizagem do indivíduo por si próprio, porque ele aprende para fazer algo que importa a ele, em um ambiente específico e em local e horário que lhe interessem (Dilts; Epstein, 2001).

Relacionando o coaching e a capacidade de aprendizagem, na educação, conforme propõe Santos (2012, p. 25), "trata-se de transformar as informações em conhecimento, de transformar o conhecimento em sapiência, isso se orientando segundo as finalidades".

Para Zaib e Gribbler (2013, p. 101), "A essência do coaching é contribuir para que uma pessoa possa tomar a direção dos seus objetivos. O coaching cria consciência, capacitando para a melhor escolha e produzindo mudanças necessárias".

Na experiência do coaching, cabe mencionar, conforme Santos (2102), as escolas de coaching, admitindo-se como ferramenta o resultado de uma síntese de vários campos do conhecimento, que inclui o treinamento e o aprendizado de adultos, a gestão de mudança, o potencial humano, a psicologia, as teorias comportamentais, o pensamento sistêmico, a neurociência, entre outros campos. Para a autora, a cada um desses campos corresponde um modelo de teoria, constituindo-se um painel de possibilidades e formas de aplicação. Esses modelos são apresentados no Quadro 3.1.

Quadro 3.1 – Modelos de ferramenta do coaching

Tipo de ferramenta	Definição
PNL	Fornece conhecimentos e técnicas capazes de dar uma nova e promissora visão sobre si mesmo e sobre o caminho pessoal e profissional. Esta linha utiliza programação neurolinguística como base.
Comportamental	Abordagem integrativa fundada nas ciências comportamentais, que tem como foco de trabalho a transferência de aprendizado para a vida prática, através de mudanças comportamentais sustentáveis.
G.R.O.W.	Neste método cada letra corresponde a uma etapa do processo de desenvolvimento: *Goal* refere-se à meta: o que você quer? *Reality* – realidade, o que está acontecendo agora? *Options*: o que você pode fazer, quais as opções? *Will*, que significa a ação futura: o que você fará? É um método baseado na força de vontade do indivíduo.
Neurocoaching	Reúne as disciplinas biológicas que estudam o sistema nervoso, a exemplo da anatomia e da fisiologia do cérebro, correlacionando-as com disciplinas que explicam o comportamento, o processo de aprendizagem e a cognição humana, assim como os mecanismos de regulação do organismo.
Filosófico	Prioriza a modificação comportamental do cliente por meio da percepção da realidade dos fenômenos em diferentes visões. Com base em olhares diversos, o indivíduo é levado a escolher a melhor estratégia para superação das dificuldades e alcance de metas e de objetivos.
Ontológico	Trabalha de modo fundamental no domínio do Ser, produzindo mudanças no tipo de observador que uma pessoa é. Quando as mudanças ocorrem na pessoa em razão de seu próprio esforço, sua perspectiva aumenta e ela se torna um observador diferente, tornando-se capaz de realizar ações diferentes e conseguindo resultados que antes não foram alcançados.

Fonte: Elaborado com base em Santos, 2012, p. 27.

Com a PNL, o desenvolvimento de habilidades ocorre em um nível mais alto de aprendizagem, por ser uma estrutura profunda que admite divisões em estruturas superficiais. Portanto, o conteúdo empregado para desenvolver habilidades sensoriais representativas é o fator mais relevante de toda a aprendizagem, no sentido de que as pessoas podem desenvolver e aprimorar a capacidade de utilizar de forma ampla qualquer um dos próprios sistemas representativos sensoriais (Dilts; Epstein, 2001).

Na aprendizagem autodirigida, segundo Zaib e Gribbler (2013), a educação consiste em uma via que possibilita a mudança de comportamento por parte das pessoas. O coaching, nesse processo, contribui para a facilitação do ensino e da aprendizagem, como diretriz para a aquisição de habilidades, capacidades desejadas e essenciais ao desenvolvimento próprio do ser humano.

Desse modo, precisamos ter em mente que é necessário que os professores percebam se os alunos manifestam desinteresse pelos estudos e também se a questão se relaciona com o fato de o assunto não ser de interesse deles; se lhes falta motivação para que possam empenhar-se nos estudos. Do lado dos professores, é preciso perguntar a opinião deles sobre o desinteresse próprio e dos alunos e as razões da desmotivação; de posse dessas informações, o coach pode tomar providências para promover mudanças (Zaib; Gribbler, 2013).

3.3
Foco na solução

Segundo Santos (2012), o coaching apresenta-se como uma condição indispensável para todo ensino, que não foi escrita em nenhum manual ou descrita em alguma técnica, e que já havia sido apontada por Platão. Esse filósofo faz referência à figura de Eros, que, na tradição mitológica grega, se caracteriza a um só tempo como desejo, prazer e amor, além de um olhar para a geração de um estado interior profundo do sujeito, uma espécie de polaridade de espírito que sirva de orientador e mostre que ensinar a viver requer os conhecimentos, as transformações, em seu próprio Ser mental, do conhecimento adquirido em sapiência, bem como a incorporação dessa sapiência para o resto da vida.

Nesse sentido, as teorias propostas por Cury (2014, p. 11) revelam a necessidade de se fazer a higiene mental, porque o indivíduo vive em um cárcere psíquico "capitaneado por doenças psicossomáticas, depressão, discriminação, violência escolar, dificuldade de transferência do capital das experiências, Síndrome do Circuito Fechado da Memória, Síndrome do Pensamento Acelerado (SPA), culto a celebridades padrão", e demais fatores que evidenciam a crise do gerenciamento do Eu.

Esse cárcere faz parte do homem condenado a ser livre e, por ser assim, livre para pensar, a exemplo da tese proposta pelo filósofo Jean-Paul Sartre: o ser humano está condenado a ser livre (Cury, 2014). Considerando que o Eu é refém de uma base de dados, Cury (2014, p. 13) afirma:

Nós construímos pensamentos a partir do corpo de informações arquivado em nossa memória. Todas as ideias, a criatividade e a imaginação nascem do casamento entre um estímulo e a leitura da memória, que opera em milésimos de segundo. O Eu não tem consciência dessa leitura e organização de dados em alta velocidade que ocorre nos bastidores da mente, somente do produto final encenado no palco, ou seja, dos pensamentos já elaborados.

Conforme Marion (2017, p. 5), "A habilidade de aprender reforça a sensação de autoconfiança e autonomia que cada indivíduo precisa desenvolver em si a fim de superar continuamente seus desafios e limites".

Nesse contexto, é importante perceber que o coaching tem foco no presente, como está agora a pessoa em coaching, e um olhar voltado para o futuro, para que a pessoa desenvolva comportamentos novos. Isso porque não é o ser humano que é problemático, e sim a história de vida que ele traz consigo. No processo de coaching, tendo o coach como um apoiador, o coachee extrai de si mesmo a própria construção pessoal e profissional, elaborando as soluções em direção ao que definiu como metas e objetivos a serem alcançados (Zaib; Gribbler, 2013).

Em seu processo, o coaching segue um ciclo que tem início, desenvolvimento e finalização, de modo que todas as etapas são importantes e devem ser esclarecidas previamente, ou seja, quando um ciclo de coaching acaba, o momento deve apresentar com clareza as predeterminações iniciais do processo.

Segundo Marion (2017, p. 4), "O término é especialmente importante, pois um processo de coaching não deve jamais gerar uma relação de dependência entre quem aplica o coaching (coach) e quem recebe o coaching (coachee)". Mesmo que novos ciclos de coaching devam ser iniciados, a compreensão sobre eles é como processos, com o cumprimento de etapas.

Um processo de coaching deve seguir as etapas representadas na Figura 3.1.

Figura 3.1 – Etapas do coaching

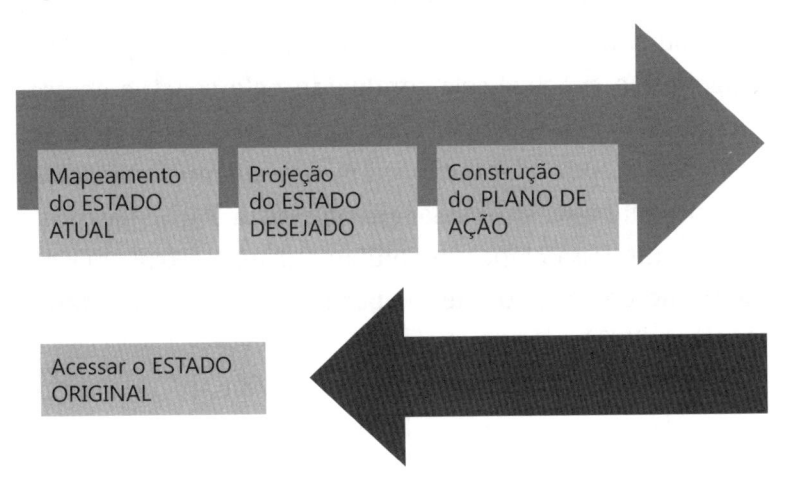

| Mapeamento do ESTADO ATUAL | Projeção do ESTADO DESEJADO | Construção do PLANO DE AÇÃO |

Acessar o ESTADO ORIGINAL

Fonte: Marion, 2017, p. 4.

O processo tem início com o mapeamento do estado atual do indivíduo, apontado como o ponto de partida para a mudança; o coachee deve ter perfeita percepção das condições de sua vida naquele momento, podendo identificar os eventuais pontos críticos nos quais busca progresso.

Segue-se a etapa da projeção para o estado desejado, o segundo estágio do processo de coaching, quando o coachee se concentra na visualização daquilo que realmente deseja para si. É aqui que ele define o destino da mudança, focaliza possibilidades, sonhos, vocação, valores e visão de vida para o futuro (Marion, 2017).

Depois, prosseguindo nas etapas do processo de coaching, o terceiro estágio requer que o coachee se dedique à construção de um plano de ação, etapa na qual é trabalhado um caminho viável para que ele saia do estado atual e chegue ao estado desejado. "Aqui serão considerados estratégias, recursos e passos que viabilizarão a mudança" (Marion, 2017, p. 5).

Finalmente, ao terminar o processo de coaching, a etapa exige que o coachee seja conduzido pelo coach a acessar memórias feridas e superá-las. Tais memórias podem ser responsáveis por criar comportamentos disfuncionais e que podem afetar o senso de valor e a autoestima. Particularmente importante, essa etapa possibilita criar uma estrutura emocional no coachee, o que lhe permite acelerar a mudança (Marion, 2017).

Conforme a explanação de Rock (2006, p. 44) sobre a superação de memórias, o indivíduo pode fazer uso frequente de *insights* que surgem quando ele dá oportunidade ao próprio cérebro de energizar-se:

> A energia de chegarmos a uma ideia por nós mesmos, ou pelo menos sentirmos que estamos no comando de nosso processo de aprendizado, é um princípio pouco estudado em coaching. Para evitar que os clientes definam as metas como uma forma de agradar ao coach, precisamos realizar o coaching tendo o cérebro em mente. Isso significa realizar um processo de coaching em que os *insights* aconteçam na mente do cliente, ao prestar atenção em soluções, e oferecendo um

acompanhamento e uma prática de coaching que aumente a densidade de atenção sobre qualquer novo insight. (Rock, 2006, p. 43, tradução nossa).

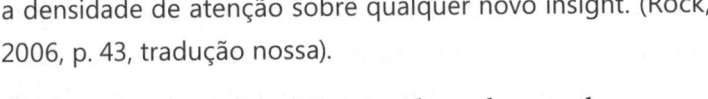

Para Coquerel (2013, p. 80), uma das palavras-chave para que os *insights* aconteçam é *estimulação*, pois, quando o cérebro é estimulado e a experiência é positiva, entram em ação os mecanismos de recompensa, elevando a autoestima daquele que constrói o conhecimento.

3.4
Feedback positivo

Com o processo de coaching, o indivíduo consegue visualizar formas pessoais e particulares de resolver as próprias questões internas e externas, por meio de atitudes que ele tome diante de tais questões. Conforme explicam Zaib e Gribbler (2013, p. 101),

> O coaching é um estilo de atuar e de vivenciar as emoções, utilizando-se de forma positiva seus recursos, habilidades, competências e percepções, permitindo lidar melhor com o tempo, os aspectos quânticos e sistêmicos no dia a dia. É focado nos níveis de consciência: físico, emocional, mental, espiritual e psíquico. Processa-se em fases: aceitar, permitir, esclarecer, educar para transformar comportamentos assertivos, além de apoiar na criação de novos hábitos mais efetivos, reflexões, planejamento e atuação em busca da realização de metas.

Em sua fundamentação científica, a explicação é que o coaching não é uma ciência, mas tem como alicerce diferentes teorias científicas, embora se constitua em uma técnica com os próprios alvos, premissas, ferramentas e formas de mensuração de progresso. Por integrar teorias e técnicas de outras áreas, o coaching vem desenvolvendo a própria base de investigação, "consolidando-se como atividade profissional própria e como carreira" (Marion, 2017, p. 15).

Na atualidade, as teorias e literaturas que servem de base para o coaching relacionam-se aos estudos da psicologia, das teorias organizacionais, seguidos de andragogia, esportes e artes cênicas; subjacentes a essas influências estão a filosofia e a teoria de sistemas. Isso se justifica pelo fato de as teorias e modelos de coaching terem recebido influência da psicologia e, de modo mais técnico, das teorias organizacionais (Marion, 2017).

Paula (2005, p. 61) acrescenta que "O eixo do desenvolvimento de performance por meio do processo de executive coaching, quando falamos da vertente treinamento, é a ferramenta *feedback*". É o momento em que o coachee desenvolve de modo efetivo essa capacidade, de dar e receber *feedback*, e sua evolução passa a ocorrer numa ordem mais acelerada. Uma boa performance nessa habilidade precisa ser obtida com o desenvolvimento de condições técnicas, de autoconhecimento e de percepção do outro.

Hayes e Nieuwerburgh (2016, p. 91, tradução nossa) esclarecem que "*Feedback* é uma palavra inglesa que literalmente significa retroalimentação", aplicada em distintos contextos.

Paula (2005, p. 61), por sua vez, descreve o *feedback* como

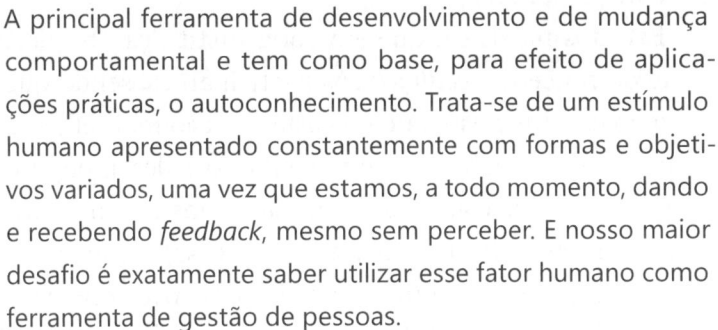

A principal ferramenta de desenvolvimento e de mudança comportamental e tem como base, para efeito de aplicações práticas, o autoconhecimento. Trata-se de um estímulo humano apresentado constantemente com formas e objetivos variados, uma vez que estamos, a todo momento, dando e recebendo *feedback*, mesmo sem perceber. E nosso maior desafio é exatamente saber utilizar esse fator humano como ferramenta de gestão de pessoas.

O coaching veio se constituindo em uma profissão jovem que acelerou o próprio desenvolvimento ao utilizar habilidades e abordagens de suporte da profissão de aconselhamento. Esse fato, sem dúvida, contribuiu de modo significativo para a consolidação do coaching, que atualmente se caracteriza como uma intervenção de desenvolvimento convencional com quadros de competência e códigos de ética, permitindo a argumentação de que o legado de aconselhamento tem impedido o coaching de se tornar "uma verdadeira força de transformação dentro do desenvolvimento da liderança" (Blakey; Day, 2012, p. 1).

As constatações sobre o aconselhamento no coaching provêm dos casos nos quais as noções tradicionais não são diretivas, mantendo-se a agenda do coachee e construindo-se alianças como fundações para o coaching efetivo. Além disso, essas constatações vêm com limitações e riscos. Existe o risco de que o coach entre em colisão com o coachee, porque o treinador executa perguntas de forma muito solidária, sem ser julgador. No caso em que um coach mantém estritamente a agenda do coachee, pode ocorrer irrelevância quando a conversa é desviada do contexto organizacional mais amplo (Blakey; Day, 2012).

Estudos mostram que em cada instituição há necessidade de conceder *feedback* aos participantes, sendo que no caso do coaching esse fato consiste na ação mais eficaz a ser tomada pelos coaches, visando melhorar o desempenho dos coachees. Em se tratando de funcionários em uma organização, Marrelli (2010, p. 25, tradução nossa) recomenda que "O feedback deve comunicar aos funcionários que eles são valorizados e fornecer informações diretas sobre seu trabalho, especialmente o que eles estão fazendo bem e o que pode ser melhorado".

Em sua aplicação, o *feedback* pode ser programado, método importante para a construção de um processo de desenvolvimento e bastante utilizado em avaliação de performance profissional. Pode também ser pontual, ou seja, com aplicação no momento da ação (Paula, 2005).

Comentando sobre os tipos de *feedback*, Marrelli (2010) refere o *feedback* positivo, quando o bom desempenho do indivíduo é reconhecido e complementado, e o *feedback* corretivo, cujo propósito é identificar erros e deficiências de modo específico; assim, na aplicação do *feedback* são dadas instruções para a retificação. Em estudo realizado pelo Conference Board com 166 organizações, os resultados indicam que "o feedback de desempenho pobre ou insuficiente foi identificado como a principal causa de desempenho deficiente em 60% dos entrevistados, mais do que qualquer outro fator" (Marrelli, 2010, p. 26, tradução nossa).

Outros tipos de *feedback* são registrados, sendo que Paula (2005) apresenta cinco tipos, conforme indica a Figura 3.2.

Figura 3.2 – Cinco tipos de *feedback*

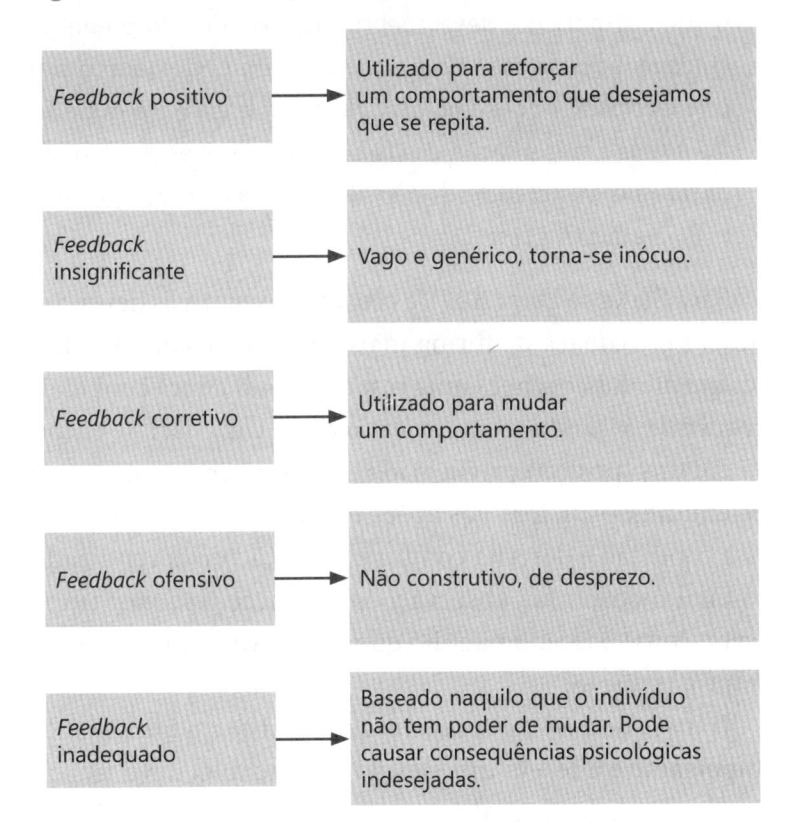

Feedback positivo	Utilizado para reforçar um comportamento que desejamos que se repita.
Feedback insignificante	Vago e genérico, torna-se inócuo.
Feedback corretivo	Utilizado para mudar um comportamento.
Feedback ofensivo	Não construtivo, de desprezo.
Feedback inadequado	Baseado naquilo que o indivíduo não tem poder de mudar. Pode causar consequências psicológicas indesejadas.

Fonte: Elaborado com base em Paula, 2005, p. 62.

Relacionado ao coaching, o *feedback* pode ser entendido como

A informação, resposta ou opinião que oferece um interlocutor como retorno sobre qualquer aspecto observado com o comportamento, o desempenho ou o nível de compreensão de um indivíduo a fim de mantê-lo melhorado ou corrigido. Pode ser proporcionado por uma pessoa (por exemplo, um coach ou um professor) ou chegar de maneira indireta por meio dos resultados obtidos ao utilizar um instrumento para medir o comportamento, desempenho ou nível de compreensão antes mencionados. Uma pessoa também pode gerar o próprio feedback, por exemplo, ao refletir sobre o êxito obtido e fazer uma apresentação da classe e dos motivos pelos quais obteve um resultado positivo. (Hayes; Nieuwerburgh, 2016, p. 91, tradução nossa)

Para Blakey e Day (2012), os coaches executivos deveriam utilizar o *feedback* de forma mais eficaz, oferecendo individualmente aos coachees uma resposta desafiadora com mais frequência, visando ao aumento do risco. Um coach se encontra em uma posição privilegiada e se caracteriza como uma testemunha principal das ações e das palavras do coachee. Essa condição é descrita como a elaboração do aprendizado, no qual o coach faz observações e fornece *feedback* transformacional baseado naquilo que ouve e vê, assim como na própria intuição.

Trata-se do *feedback* positivo, que consiste em uma técnica empolgante e que, em uma sessão de coaching, deve ser sensível, apropriado, factual e específico. Arnold (2009, p. 95-96) propõe as ações que devem ser tomadas e aquelas que não devem ser tomadas como *feedback* em uma sessão de coaching (Quadro 3.2).

Quadro 3.2 – Técnicas e áreas importantes em *feedback* em coaching

Técnicas a serem aplicadas pelo coach para oferecer um *feedback* efetivo	Ações a serem evitadas pelo coach no *feedback*
Repetir palavras-chave e frases usadas pelo coachee (com sensibilidade).	Ignorar palavras-chave e frases e substituí-las por suas próprias palavras.
Refletir sobre os sentimentos do *coachee*, permitindo que ele se sinta entendido (empatia, e não simpatia).	Dizer ao coachee o que/como ele deve sentir ou pensar.
Refletir sobre o pensamento do coachee para ajudá-lo a esclarecer seus pensamentos.	Contar ao coachee o que ele deve fazer, pois isso pode não ser apropriado para ele na situação atual.
Refletir sobre o comportamento do coachee para verificar se ele acha esse comportamento apropriado e, em caso afirmativo, apoiá-lo e encorajá-lo.	Dizer ao coachee como se comportar e/ou não reconhecer o comportamento dele.
Refletir sobre o que o coachee está fazendo para que ele possa ver se isso é útil/necessário.	Sutilmente enfatizar as próprias prioridades em vez de se concentrar nas prioridades do coachee.
Parafrasear os pensamentos, sentimentos e comportamento do coachee para apoiar o progresso.	Criar um desequilíbrio entre os objetivos da empresa e os objetivos do coachee.
Resumir os pontos de vista do coachee para que ele possa ver as coisas objetivamente.	Substituir os pontos de vista do coachee pelos próprios pontos de vista.
Resumir os sentimentos e/ou ações do coachee para que ele adquira clareza.	Não expressar e não ser honesto sobre como você se sente com relação ao coachee/a situação dele/ seu entendimento sobre o coachee.
Verificar as consequências dos pensamentos/sentimentos/ações do *coachee*.	Não verificar a compreensão do coachee sobre as consequências das ações dele.
Verificar a própria compreensão do coachee sobre os próprios pensamentos/sentimentos/ações.	Não verificar a compreensão do coachee sobre os pensamentos/ ações/sentimentos dele.

(continua)

(Quadro 3.2 – conclusão)

Técnicas a serem aplicadas pelo coach para oferecer um *feedback* efetivo	Ações a serem evitadas pelo coach no *feedback*
Ser aberto e honesto sobre o que você (na posição de coach) sente que está acontecendo no relacionamento.	Não ser íntegro, abusando do poder como coach.

Fonte: Elaborado com base em Arnold, 2009, p. 93-95, tradução nossa.

O clima de alento e segurança no qual o coachee se sente respeitado se dá como certo em uma relação de coaching e essa é a razão pela qual essa relação oferece um espaço privilegiado para proporcionar *feedback*. Explicam Hayes e Nieuwerburgh (2016, p. 94, tradução nossa):

> Mas não se trata só de oferecer feedback ao coachee, senão também de pedir a este último que ofereça feedback sobre nossa eficácia como coaches. É uma boa prática solicitar feedback ao finalizar cada conversação de coaching e, ao recebê-lo, o coach terá de gerenciar uma eventual atitude defensiva. Isso supõe aceitar tanto o feedback positivo como o negativo com uma atitude receptiva e com gratidão. Não seria apropriado, especialmente nessas circunstâncias, intentar discutir com o coachee acerca do feedback que foi oferecido.

Um coach experiente escuta e dá *feedback* ao grupo de coachees quando as sessões estiverem concluídas. "Idealmente, os coaches devem trazer os próprios projetos, desafios e problemas para o coaching" (Arnold, 2009, p. 169, tradução nossa).

Salienta Paula (2005, p. 63) que a aplicação eficaz de *feedback* requer uma base que permita a criação de um ambiente favorável, com redução de respostas defensivas. Nesse sentido, alguns aspectos são necessários: clima organizacional baseado em confiança e reciprocidade; coerência entre discurso e prática por parte dos coaches; contratos psicológicos bem estabelecidos; valores da organização como balizadores das ações; ações de mudança com iniciativa do coach; mão dupla na aplicação do coaching.

Um coach, portanto, pode oferecer ao coachee três tipos de *feedback*: 1) sobre o que acontece durante a conversação na sessão de coaching; 2) com base em dados que foram sendo coletados, como informes de testes psicométricos ou questionários; 3) por fim, o coachee pode ser observado no âmbito de estudo e trabalho, possibilitando ao coach elaborar *feedback* sobre o que observou (Hayes; Nieuwerburgh, 2016).

3.5
Estrutura e distinção

As atividades de coaching, comparativamente às de neurocoaching no que se refere às vantagens obtidas, são consideradas limitadas. Com isso, têm sido enfatizados os investimentos em neurocoaching, de modo a despertar o potencial do indivíduo e mudar a vida dele para melhor (Vieira, 2016).

O coaching e o neurocoaching, de forma similar, permitem a utilização de ferramentas específicas para propiciar o desenvolvimento da capacidade do indivíduo e, a exemplo das diferentes profissões existentes, as quais dispõem também de diferentes ferramentas, cada qual com sua função, é preciso conhecer as ferramentas desses processos de coaching, e saber a melhor forma de aplicá-las.

Marion (2017, p. 68) sugere a utilização de ferramentas do processo de coaching e a realização do mapeamento do estado atual, definindo-se o ponto de partida no processo de mudança que o ciclo do coaching propõe: "São ferramentas de diagnóstico que ampliam substancialmente a quantidade e a qualidade de fatos sobre quem é o coachee e como está seu estado mental".

As quatro ferramentas para o mapeamento do estado atual são: círculo ou roda da vida; *assessments* (traços de personalidade, interesses, habilidades e valores); avaliações multidirecionais; avaliação biográfica.

Quanto à primeira ferramenta, o **círculo** ou **roda da vida**, cabe destacar:

> A organização da vida implica a criação de compartimentos-chave que permitem depositar os diferentes temas que fazem parte da vida. A maioria das pessoas divide suas vidas em dois grandes segmentos: vida pessoal e profissional. Também a maioria das pessoas é capaz de lembrar entre 9 e 12 áreas-chave em suas vidas, de modo que trabalhar com 10 indicadores é um bom termo entre agrupar e especificar importantes papéis que são desempenhados na vida. No coaching, a criação de compartimentos facilita a assimilação e a avaliação integrada e dos pilares-chave. (Marion, 2017, p. 70)

Os 10 indicadores mencionados por Marion (2017) são os seguintes: 1) espiritual; 2) de relacionamentos significativos; 3) de saúde e bem-estar; 4) conjugal e romance; 5) filhos e sucessão; 6) diversão e criatividade; 7) financeiro e prosperidade; 8) profissão e carreira; 9) crescimento pessoal; 10) emocional.

A segunda ferramenta proposta por Marion (2017) são os *assessments*:

> Os *assessments* são ferramentas poderosas para autoconhecimento. Geralmente oferecem um grupo de perguntas que resultam em uma interpretação consistente baseada em pesquisa. Os *assessments* oferecem *inputs* valiosos ao processo de *Coaching* que, além de promoverem a autoconsciência, também elevam a compreensão dos outros e abrem novos canais de comunicação. (Marion, 2017, p. 77)

Alguns *assessments* exigem que o profissional passe por um processo de treinamento e receba certificação para posterior aplicação[1]. A seguir, são apresentados alguns:

- Myers-Briggs Type Indicator (MTBI): um inventário que mede as diferentes personalidades, cuja qualificação para aplicação já se encontra disponível em várias organizações;
- Taylor-Johnson Temperament Analysis (T-JTA): mensura traços de personalidade;

• • • • •
1 "Alguns *assessments* profissionais não precisam de certificação ou treinamento para o seu uso e as ferramentas podem ser individuais ou grupais, oferecidas em diferentes idiomas: *DISC profile* (Traços de Personalidade; *Team Dimensiones Profile* (Perfil de Dimensão dos Times); *Time Mastery Profile* (Administração do tempo em 12 áreas); *Work Experience Profile* (11 áreas críticas de expectativas no trabalho); *Leardship Inventory – LPI* (avaliação 360º para líderes); *Inteligencial Emocional*, de Daniel Goleman; *As cinco linguagens do amor*, para casais, de Gary Chapman; e, *Real Age Test*, que oferece planos nutricionais personalizados e trabalha em um processo de rejuvenescimento" (Marion, 2017, p. 77-78).

- CernySmith Assessment: avalia diferenças transculturais, oferecendo preço reduzido e eventos de qualificação para pessoas envolvidas em projetos humanitários;
- SOAR Global Institute: uma ferramenta de desenvolvimento humano que avalia personalidade combinada com comportamentos;
- Career Direct: avalia quatro atributos de um indivíduo: personalidade, interesse, habilidades e valores. (Marion, 2017, p. 77)

Sobre as **avaliações multidirecionais**, Marion (2017, p. 77) afirma que "O coach pode fazer uso de diferentes ferramentas adicionais disponíveis para especializar e aprofundar o processo de diagnóstico e aumentar o nível de autoconhecimento do *coachee*".

Um exemplo sobre as avaliações multidirecionais traz a habilidade de empatia como aspecto relacionado à inteligência emocional, de modo direcionado às habilidades sociais, apresentada em uma escala de pontuação que corresponde à percepção do respondente acerca do grau de desenvolvimento que percebe em si ou naquele que está sendo avaliado em uma certa habilidade. As escalas compreendem cinco níveis, segundo Marion (2017):

- Escala 1: precisa de desenvolvimento, reconhecendo-se que há uma deficiência na apresentação desta habilidade.
- Escala 2 ou 3: o nível desta habilidade está adequado, reconhecendo-se um grau satisfatório de desempenho da habilidade, com espaço para desenvolvimento.

- Escala 4 ou 5: é alto, demonstrando-se domínio desta habilidade, reconhecida como uma característica de excelência no avaliado.

Por fim, com relação às **avaliações biográficas**, Marion (2017, p. 82) aponta que "têm como objetivo evocar memórias passadas". O passado em si não se caracteriza como objeto de análise do coaching, mas pode ser a chave para um novo futuro, tendo em vista a identificação de fatos marcantes, pois muitas pessoas vivem sua vida condicionadas a acontecimentos passados, e não ao que esperam acontecer, tendo as crenças definidas para realidades já vividas e experimentadas. "Por meio das avaliações biográficas pretende-se evocar memórias passadas e verificar precisamente em qual momento ou evento da vida um comportamento, hábito ou crença passou a ser incorporado" (Marion, 2017, p. 82).

As avaliações biográficas compreendem quatro ferramentas específicas: Evolução de Crenças PCM (Possibilidade, Capacidade e Mérito); Autobiografia; Relação de Padrões; 101 Perguntas Terapêuticas (Marion, 2017).

No coaching e no neurocoaching, Zaib e Gribbler (2013) alertam para casos nos quais o coaching não deve ser aplicado, quando haverá a recusa da participação do coach no processo, por perceber que o cliente não tem bons pensamentos e ações que se traduzam em real comprometimento em buscar parceria e aliança, bem como o estabelecimento de uma relação de confiança.

Por ser diferenciada, a estrutura do neurocoaching não pode ser aplicada com pessoas que não apresentam um perfil adequado para o processo de coaching, sendo esse o caso, muitas vezes, de indivíduos que não finalizam projetos, planos e ações. Também não são aceitas para o processo de coaching indivíduos que terceirizam, com frequência, as próprias responsabilidades em produzir, fazer e comportar-se; o mesmo se aplica a indivíduos que não admitem ser confrontados nem interrompidos. Por fim, também não são aceitos "Pessoas e profissionais que resistem ao processo de coaching por este ter sido imposto por superiores sem que recebessem as devidas informações sobre como se processa o coaching" (Zaib; Gribbler, 2013, p. 117).

Síntese

Neste capítulo, abordamos noções de neurocoaching, uma associação entre o coaching e a neurociência que, com a ajuda da neuropsicologia, permite ao indivíduo conscientizar-se das coisas e poder escolher modificar ou não a condição presente.

Vimos informações sobre a aprendizagem dirigida, oportunidade de aprendizagem que exige a leitura e a busca de respostas individuais. Na sequência, o assunto foi o foco na solução, condição que exige especialmente o abandono do passado e concentração no desejo futuro.

Com o *feedback* positivo, o texto trouxe as bases do *coaching*: estudos da psicologia, teorias organizacionais, andragogia, esportes e artes cênicas, tendo amparo também na filosofia e na teoria de sistemas. Vimos que o *feedback* favorece a expressão da individualidade no processo e, por conseguinte, com o exercício da reflexão acerca de sentimentos, pensamentos e comportamentos, oferece clareza e objetividade nos pontos de análise.

Por fim, apresentamos algumas ferramentas e indicadores de coaching que permitem a seleção adequada dos participantes do projeto, visando ao bom desempenho do processo.

Atividades de autoavaliação

1. De acordo com as informações apresentadas sobre a neurociência, analise as afirmativas a seguir:

    I) O homem é comandado por 99% da própria consciência, utilizando apenas 1% da inconsciência.
    II) A aplicação da neurociência ao coaching se relaciona com o funcionamento dos neurônios.
    III) A consciência de nossos pensamentos e hábitos nos permite mudá-los.
    IV) A neurociência é direcionada a todos os tipos de pessoas e dificuldades.
    V) A neurociência faz a pessoa saber o que significam e que efeitos têm as palavras, os pensamentos e as ações em sua conduta e em sua saúde.

    Agora, assinale a alternativa correta:

    a) As afirmativas II e IV estão corretas.
    b) Somente a afirmativa II está correta.
    c) Estão corretas as afirmativas II, III e V.
    d) Estão corretas as afirmativas I, II e V.
    e) Apenas as afirmativas I e IV estão corretas.

2. Com relação è neurociência e à educação, analise as afirmativas a seguir:

    I) A combinação da neurociência com a educação representa uma nova fronteira na ciência.

II) Na aprendizagem autodirigida, a pesquisa é condição essencial de acesso ao conhecimento.

III) A neurociência é utilizada junto com as técnicas de coaching para despertar o melhor do indivíduo através da mudança da mentalidade.

IV) A neurociência se dedica exclusivamente a estudos avançados acerca do cérebro humano.

V) Com a neurociência, o participante das atividades de neurocoaching aprende a lidar e a enxergar as coisas de modo individual.

Agora, assinale a alternativa correta:

a) As afirmativas I e V estão corretas.
b) Somente a afirmativa IV está correta.
c) Estão corretas as afirmativas II, IV e V.
d) Estão corretas as afirmativas I, III e IV.
e) Apenas as afirmativas I e II estão corretas.

3. A condição humana do coachee é referida de diferentes formas por autores da área. Analise as afirmativas a seguir:

I) O indivíduo sai de um cárcere psíquico.

II) O Eu é refém de uma base de soluções.

III) Não é o ser humano que é problemático, e sim a história de vida que traz consigo.

IV) O coachee extrai do coach a própria construção pessoal e profissional.

V) O homem constrói pensamentos a partir do corpo de informações arquivado na memória coletiva.

Agora, assinale a alternativa correta:

a) As afirmativas II e IV estão corretas.
b) Somente a afirmativa III está correta.
c) Estão corretas as afirmativas II, III e V.
d) Estão corretas as afirmativas I, II e IV.
e) Apenas as afirmativas II e III estão corretas.

4. Com relação ao coaching e ao *feedback*, é possível considerar que:

I) conceder *feedback* aos participantes do coaching é a ação mais eficaz a ser tomada pelos coaches com vistas a melhorar o desempenho dos coachees.

II) o *feedback* é positivo quando o indivíduo recebe prêmios.

III) o *feedback* é a reflexão sobre o êxito obtido e a apresentação pública dos resultados.

IV) o *feedback* é a principal ferramenta de desenvolvimento e de mudança comportamental.

V) no *feedback* do coaching devem estar presentes os testes psicométricos.

Agora, assinale a alternativa correta:

a) Apenas as afirmativas II e III estão corretas.
b) Estão corretas as afirmativas II e V.
c) As afirmativas III e IV estão corretas.
d) Estão corretas as afirmativas I, IV e V.
e) Somente a afirmativa I está correta.

5. Sobre as ferramentas de mapeamento do coaching, analise as afirmativas a seguir:

I) A roda da vida compreende os seguintes pilares: espiritual, relacionamentos externos, saúde e qualidade de vida, filhos e sucessão de empreendimentos, diversão e lazer, financeiro e prosperidade, ascensão profissional, crescimento coletivo.

II) As avaliações multidirecionais compreendem oito escalas de avaliação.

III) A avaliação biográfica tem ferramentas específicas, que incluem: Evolução de Crenças PCM (Possibilidade, Capacidade e Memória); Autobiografia; Relação de Padrões; Perguntas Terapêuticas.

IV) Os *assessments* são ferramentas poderosas para autoconhecimento.

V) No coaching, a criação de compartimentos facilita a assimilação e a avaliação integradas e dos pilares-chave.

Agora, assinale a alternativa correta:

a) Apenas as afirmativas IV e V estão corretas.
b) Estão corretas as afirmativas II e III.
c) As afirmativas I e IV estão corretas.
d) Estão corretas as afirmativas II, III e V.
e) Somente a afirmativa I está correta.

Atividades de aprendizagem

Questões para reflexão

1. No método socrático de ensino e aprendizagem, a metodologia filosófica utilizada consiste nas indagações, prosseguindo conforme as respostas do interlocutor. Explique seu entendimento sobre o método socrático de ensino, com relação ao papel desempenhado pelo coach e ao processo de coaching.

2. No processo de coaching, com relação ao momento quando o coach escuta o coachee para que este último encontre as próprias respostas e soluções com base em aprendizado de vida, abandono de crenças e aceitação de mudança, relacione o que você considera como crenças úteis e o que considera como crenças limitantes.

Atividade aplicada: prática

1. Construa um plano de ação para a mudança, ainda que seja referente a uma atividade cotidiana, pessoal e simples, como organizar a relação de contas a pagar, por exemplo. Procure seguir as etapas do coaching dispostas na Figura 3.1, buscando inovar no formato de planejar e estruturar uma responsabilidade. Visualize uma alternativa diferente para essa organização, a fim de que você possa analisar se as alterações pensadas poderiam fazer parte de um novo modelo de planejamento.

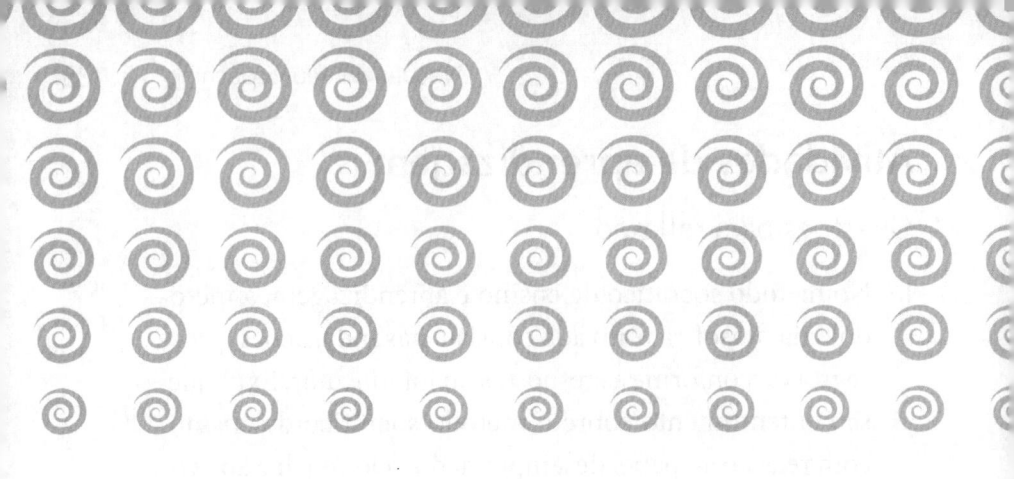

4
Processo evolutivo

Neste capítulo, o processo e os níveis neurológicos são o tema principal de estudo, com o objetivo de esclarecer a perspectiva do processo evolutivo do coaching.

Trata-se de uma temática concernente ao domínio cognitivo, que destaca como intenção da obra a análise do processo evolutivo, a identificação das diversas teorias relacionadas ao assunto e a definição de diferentes modalidades do coaching, incluindo os coachings generativo, regenerativo e evolutivo.

4.1
Processo evolutivo do coaching

O coaching tem apresentado a grande possibilidade de contribuir para o processo de individuação, que significa "o processo contínuo de aprimoramento pessoal, a busca de um indivíduo por tornar-se 'si mesmo' ('*self*'), a expressão da essência única que cabe somente a cada um de nós realizarmos, o processo de trazer à consciência a suprema realidade da alma" (Bueno, 2011, p. 323).

Por ser um processo, o coaching pode ser assim definido:

> um processo de desenvolvimento humano para o qual convergem conhecimentos de diversas ciências, com o objetivo de levar o indivíduo a alcançar resultados extraordinários. Nesse processo, considera-se o desenvolvimento de competências técnicas, emocionais, psicológicas e comportamentais, permite também a expansão da consciência humana de maneira focada para potencialização do ser humano em seus resultados. [...]
>
> Veja, ouça e sinta que o processo de *Coaching*, além de elevar o desempenho por meio de uma metodologia dinâmica que converge e integra diversas ciências humanas, permite também o desenvolvimento da consciência, no sentido de despertar e/ou elevar o potencial humano. (Matteu, 2012, p. 135)

Esse processo de coaching compreende "Coaching Remediativo, Coaching Generativo ou Coaching Evolutivo, dependendo do nível em que o coach atuará no processo do cliente" (Marques, 2016d).

A evolução do ser humano tem sido seu maior desafio e um grande salto em sua existência, um contexto no qual o coaching surge como uma alavanca substancial que permite impulsionar e direcionar o processo de individuação, ao conduzir a pessoa a um olhar mais aprofundado sobre si mesma e sobre o próprio processo evolutivo, com elevação a novos patamares de expressão e de consciência. "O *coaching*, através de técnicas extremamente eficazes, conduz o *coachee* ao reconhecimento de seus potenciais latentes e talentos únicos, alinhando-os aos seus valores e propósito" (Bueno, 2011, p. 323).

De acordo com o Instituto Brasileiro de Coaching (IBC),

> O coaching é um processo definido como um mix de recursos que utiliza técnicas, ferramentas e conhecimentos de diversas ciências como a **administração, gestão de pessoas, psicologia, neurociência, linguagem ericksoniana, recursos humanos, planejamento estratégico,** entre outras. A metodologia visa a conquista de grandes e efetivos resultados em qualquer contexto, seja pessoal, profissional, social, familiar, espiritual ou financeiro.
>
> Trata-se de um processo que produz mudanças positivas e duradouras em um curto espaço de tempo de forma efetiva e acelerada. Coaching significa tirar um indivíduo de seu

estado atual e levá-lo ao estado desejado de forma rápida e satisfatória. O **processo de Coaching** é uma oportunidade de visualização clara dos pontos individuais, de aumento da autoconfiança, de quebrar crenças limitantes, para que as pessoas possam conhecer e atingir seu potencial máximo e alcançar suas metas de forma objetiva e, principalmente, assertiva.

Conduzido de maneira confidencial, o **processo de Coaching é realizado através de sessões**, onde um profissional chamado **Coach** tem a função de estimular, apoiar e despertar em seu cliente, Coachee, o seu potencial infinito para que este conquiste tudo o que deseja. As sessões de Coaching, individuais ou em grupo, podem ser realizadas semanalmente, quinzenalmente ou mensalmente e tem duração, em média, de uma a duas horas, tudo isso definido em comum acordo entre Coach e Coachee. Por ser um processo completamente flexível, o Coaching pode ser aplicado em qualquer contexto e direcionado a pessoas, profissionais das mais diversas profissões e **empresas de diferentes portes e segmentos**. (IBC, 2020, grifo do original)

Com relação ao processo evolutivo, o coaching leva o indivíduo a examinar todos os elementos envolvidos nesse processo: ambiente, comportamento, capacidades e habilidades, crenças e valores, identidade, pertencimento e afiliação, buscando-se percorrer um caminho que conduza o indivíduo a discernir acerca do próprio legado, propósito de vida e de espiritualidade.

A exemplo de qualquer outra abordagem de desenvolvimento humano, o coaching, "como a própria educação escolar, pode se beneficiar muito dos níveis neurológicos como ferramenta e lente para enxergar a escalada evolutiva do aprendizado humano" (Marques, 2016d).

Quanto aos níveis neurológicos, a pirâmide dos sete níveis foi desenvolvida por Robert Dilts, um dos criadores da programação neurolinguística (PNL), sendo adaptada por mestres do desenvolvimento humano, a exemplo de Bernd Isert, da Metaforum Internacional[1], e de José Roberto Marques, do IBC, com o objetivo de

> Ilustrar a hierarquia neurológica do ser humano para compreensão e importância do desenvolvimento de missão, propósito, visão, valores e legado, a fim de dar significado e sentido na vida de cada um e, com isso, potencializar resultados e realizar sonhos de uma forma completamente alinhada e congruente. (Nunes, 2017, p. 9)

A pirâmide do processo evolutivo proposta por Marques consiste em uma adaptação da pirâmide dos níveis neurológicos e é composta por sete níveis: 1) ambiente; 2) comportamento; 3) capacidades e habilidades; 4) crenças e valores; 5) identidade; 6) afiliação; 7) legado (Estevam, 2017).

• • • • •
[1] "A Metaforum Internacional foi fundada em 1986 por Bernd Isert e tornou-se uma das principais autoridades de educação sistêmica em métodos de vanguarda" (Metaforum Brasil, 2020).

Figura 4.1 – Pirâmide do processo evolutivo

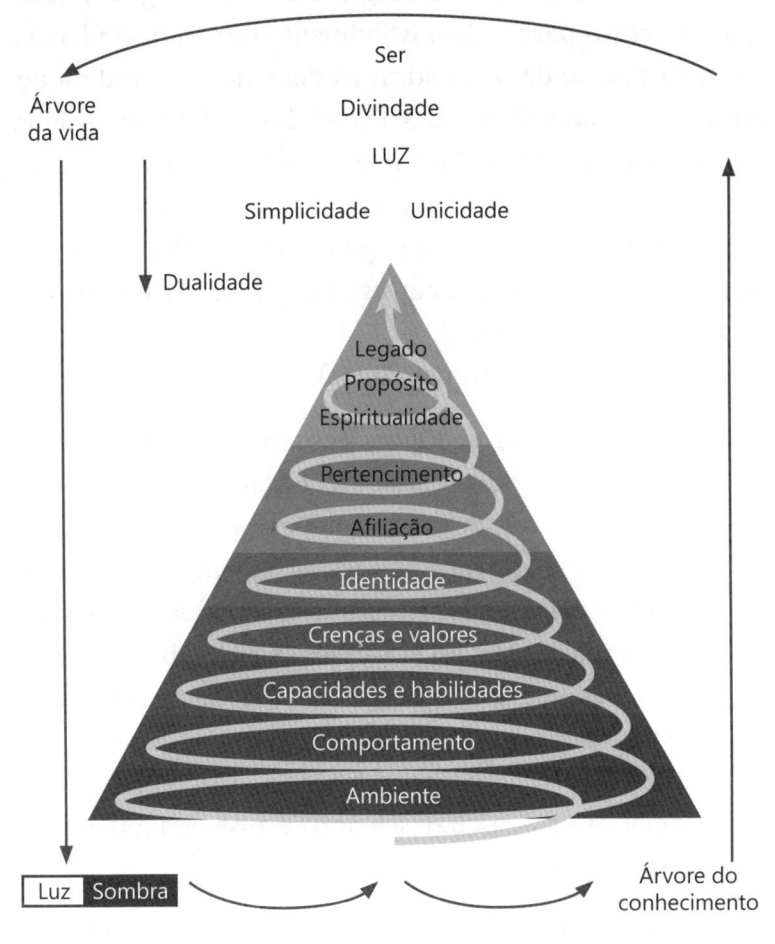

```
                    Ser
Árvore           Divindade
da vida
                    LUZ
              Simplicidade   Unicidade

        Dualidade

                  Legado
                  Propósito
                  Espiritualidade
                 Pertencimento
                   Afiliação
                   Identidade
                 Crenças e valores
              Capacidades e habilidades
                 Comportamento
                    Ambiente

                                        Árvore do
 Luz  Sombra                            conhecimento
```

Fonte: Marques, 2016e.

A denominada *pirâmide do processo evolutivo* indica que esses sete níveis neurológicos fornecem o suporte para o desenvolvimento do indivíduo em nível global, partindo do ambiente externo, que é mais superficial, e chegando à consciência universal, um ambiente considerado complexo e profundo. Esse processo evolutivo que compreende a adaptação dos níveis neurológicos ao coaching, e a qualquer processo para o desenvolvimento humano, evidencia a oportunidade de "enquadrar as demandas do indivíduo em determinado nível e desenvolvê-las" (Marques, 2016d). Como destaca Nunes (2017, p. 10), "O conhecimento desse processo é uma ferramenta poderosa para o coaching, pois o coach poderá identificar em qual nível trabalhar melhor o seu coachee para que este consiga atingir resultados de uma forma mais rápida e fácil".

De acordo com Marques (2016c),

> Um dos grandes aprendizados dos níveis neurológicos, que são a base do processo evolutivo, e a inspiração inicial dos 7 Níveis da Teoria do Processo Evolutivo, de onde todo estudo e conexões começaram, é que quando as mudanças ocorrem nos três primeiros níveis (ambiente, comportamento e habilidades/capacidades) essas não têm efeito substancial nos níveis superiores. Uma mudança no nível de ambiente, por exemplo, oferece uma solução remediativa, no entanto, não provoca mudança interior no indivíduo, não o preparando para novas situações que o seu ciclo de existência certamente voltará a trazer.

Contudo, no entendimento de Estevam (2017), quanto mais o homem conhece a si mesmo, mais se predispõe a integrar suas partes e melhor compreende o contexto externo no qual atua. No processo de coaching tradicional, o coach e o coachee visualizam um mundo exterior, que desejam conquistar e sobre o qual querem atuar com objetivos de exploração e de consumo.

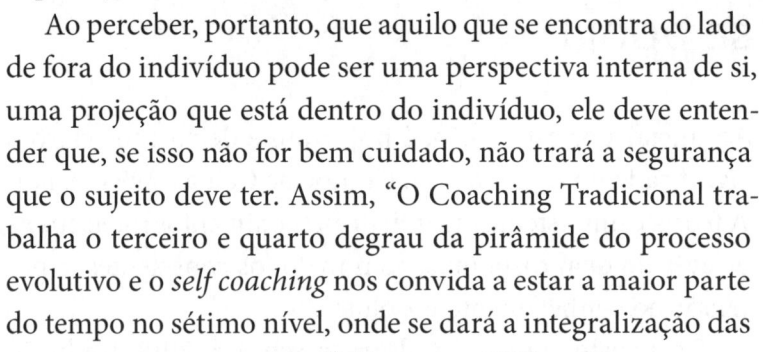

Ao perceber, portanto, que aquilo que se encontra do lado de fora do indivíduo pode ser uma perspectiva interna de si, uma projeção que está dentro do indivíduo, ele deve entender que, se isso não for bem cuidado, não trará a segurança que o sujeito deve ter. Assim, "O Coaching Tradicional trabalha o terceiro e quarto degrau da pirâmide do processo evolutivo e o *self coaching* nos convida a estar a maior parte do tempo no sétimo nível, onde se dará a integralização das partes internas e externas" (Estevam, 2017, p. 23).

Na afirmação de Marques (2016d), com respeito à evolução dos níveis neurológicos, estes podem ser compreendidos como "a exata escalada evolutiva humana, que parte de reações mais superficiais, passando por etapas mais interiorizadas a nível individual, chegando até aos níveis sistêmicos".

Desse modo, as mudanças que ocorrem nos níveis mais altos, como os da identidade e da espiritualidade, podem trazer transformações em todos os demais níveis, porque o indivíduo passa a ter uma nova visão de si e do mundo, ressignifica ambientes, muda comportamentos e, por isso, tem maior propensão a desenvolver novas habilidades e estratégias (Marques, 2016d).

4.2
Teorias nas quais o coaching se apoia

Ao iniciarmos esta seção, é importante deixarmos claro o significado do termo *teoria*. Conforme Caldas (1994, p. 144), "A teoria é um sistema integral de procedimentos intelectuais, através do qual dispomos, com métodos conscientes, a pretensão ao conhecimento absoluto".

De acordo com a Hamburger Schule[2] (2018, tradução nossa),

> Uma teoria é um modelo de pensamento, que é elaborado com o propósito de esclarecer fenômenos ou para a construção de novos mundos. Pode ser entendido também como o total de uma imagem construída na mente — ao contrário da prática. Então, uma teoria é uma imagem simplificada de uma parte da realidade.

González (2013) apresenta uma relação das teorias relacionadas ao coaching, ou nas quais esse processo se apoia: maiêutica; dialética; conversação; filosófica, compreendendo o idealismo, o existencialismo e o humanismo; teatro; fenomenologia; 5 × 15; programação neurolinguística (PNL); hermenêutica; diagnóstico; teoria de aconselhamento (consultoria, *mentoring*, acompanhamento, ensino, treinamento, didática e formação).

•••••
2 Escola alemã para treinamento autônomo, voltado à formação de treinadores em coaching.

Outras teorias associadas ao coaching incluem a doutrina criada por Otto Scharmer, com a publicação de sua obra *Teoria U: como liderar pela percepção e realização do futuro emergente*, em 2009. Ainda, há a teoria da auto-organização, que é preconizada pela Hamburger Schule e que tem como literatura-base para a formação de coaches a obra *CoachAusbildung – ein strategisches Curriculum*, publicada por Rolf Meier e Axel Jansen, em 2011. As informações sobre a teoria do coaching da auto-organização podem ser obtidas na página web oficial da Hamburger Schule (Die Hamburger Schule, 2018).

Algumas dessas teorias intrínsecas ao coaching já foram abordadas neste livro; nesta seção, vamos nos concentrar nos conceitos de outras teorias relacionadas a esse processo.

Destacamos primeiramente a **teoria 5 × 15**, que foi desenvolvida na década de 1980 por Thomas Leonard[3] e se caracteriza pela identificação de 5 elementos inter-relacionados, cada um deles composto por 15 itens. Os 5 elementos são: as competências de um coach; os produtos do coach; os marcos; os clarificadores; e as formas de relacionar-se com o cliente (Ruan, 2016).

Conhecer bem essas 15 competências é importante, pois se trata do motor do coaching, ocupando 90% do tempo durante uma sessão desse processo (Tisoc, 2007).

• • • • •
3 Thomas Leonard é reconhecido mundialmente como um dos pioneiros do coaching profissional do Estado americano. Foi o fundador do International Coach Federation (ICF) e da International Association of Coaching (IAC), bem como da Coach University e da Graduate School of Coaching, além de ser autor de 6 livros sobre o tema e de ter criado 28 programas de desenvolvimento pessoal (Ruan, 2016).

A teoria de coaching 5 × 15 foi criada pelo modelo de coaching anglo-saxão, uma corrente que defende a presença de 5 ferramentas fundamentais. São elas: o *rapport*, a escuta, a intuição, a pergunta e o *feedback*. A conversação nessa teoria de coaching compreende a divisão em assunto, objetivo, realidade, opção e compromisso (Mariné, 2014).

Seguindo a teoria de coaching 5 × 15, devemos levar em conta os seguintes elementos:

- 15 clarificadores, que ajudam a melhorar a compreensão por parte do coach para entender de verdade o que o cliente está enfrentando, e não simplesmente para entender os fatos ou seus sentimentos.
- 15 produtos, para que, durante a sessão de coaching, o coach possa dar ao cliente diferentes "produtos" que, por sua vez, podem produzir resultados. Cada produto adiciona valor. 1
- 5 pontos de estilo. É a maneira de inter-relação do coach com o cliente e que pode acelerar ou frear o processo de coaching. São 15 estilos de comunicação que ajudam a ser mais eficaz como coach.
- 15 marcos. São as maneiras de pensar, os paradigmas, os sistemas operativos pessoais, o processador individual e a inclusão de paradigmas. Uma das maneiras pelas quais o coach agrega valor a seu cliente é ampliando as ideias e suposições do cliente.
- 15 competências. Permitem criar uma verdadeira diferença, simplificar o coaching e perceber o problema como uma oportunidade. (Mariné, 2014, p. 117, tradução nossa)

Conforme publicação da The International School of Coaching (Tisoc, 2007), a teoria de coaching 5 × 15 consiste em um sistema que, associado à adaptação do coach a essa teoria, obtém um nível mais elevado do coaching. Além disso, reduz o tempo de aprendizado em 90%, o que significa afirmar que "O que o coach levou anos para aprender e usar efetivamente, agora pode ser feito em menos tempo" (Tisoc, 2007, p. 4, tradução nossa).

Podemos verificar os 15 elementos relacionados a cada ferramenta da teoria do Coaching 5 × 15 no Quadro 4.1.

Quadro 4.1 – Sistema de Coaching de 5 × 15

Ordem	Ferramentas	Elementos
1	As 15 competências	1. Gerar conversações provocadoras 2. Revelar o cliente a si mesmo 3. Tirar a grandeza 4. Desfrutar imensamente do cliente 5. Ampliar os esforços do cliente 6. Navegar pela curiosidade 7. Reconhecer a perfeição em cada situação 8. Definir o rumo para o mais importante 9. Comunicar claramente 10. Contar o que percebe 11. Ser fã do cliente 12. Explorar novos territórios 13. Saborear a verdade 14. Projetar um ambiente favorável 15. Respeitar a humanidade do cliente

(continua)

(Quadro 4.1 – continuação)

Ordem	Ferramentas	Elementos
2	Os 15 clarificadores	1. Urgente ou importante? 2. Participar ou evitar? 3. Fato ou interpretação? 4. Aceitar ou resistir? 5. Referência interna ou externa? 6. Desejo ou necessidade? 7. Oportunidade ou possibilidade? 8. Fonte ou sintoma? 9. Abrindo ou compartilhando? 10. Resposta ou reação? 11. Criar ou excluir? 12. Problema ou preocupação? 13. Presente ou passado? 14. Aceitação ou resistência? 15. Estar "com" o cliente?
3	Os 15 produtos	1. Uma nova perspectiva 2. Validação 3. Uma mensagem 4. Energia 5. Uma solução 6. Um plano de ação 7. Estrutura 8. Um recurso 9. Opções 10. Cuidar 11. Treinamento/Aprendizado 12. Um conselho 13. Estratégias 14. *Feedback* (retroalimentação) 15. Desafio

Processo evolutivo

(Quadro 4.1 – conclusão)

Ordem	Ferramentas	Elementos
4	Os 15 marcos	1. Tudo pode ser resolvido... ou não 2. Você sempre pode diminuir o risco 3. Existe uma maneira melhor de fazer as coisas 4. O sucesso é um efeito 5. Emoções nos ensinam 6. Atrasar tem um custo 7. A intuição é uma forma elevada de inteligência 8. A resposta está em algum lugar 9. Autoconfiança é construída 10. Ideias e genes evoluem a velocidades diferentes 11. O trabalho deve ser apreciado 12. Problemas são oportunidades imediatas 13. As pessoas fazem o melhor que podem... embora claramente não aparentem 14. Consciência une 15. A vida não é nada pessoal
5	Os 15 pontos de estilo	1. Perceber corretamente o que o cliente expressar 2. Responder claramente 3. Levar as preocupações do cliente a sério 4. Articular de maneira simples 5. Ser leve e neutro 6. Colaborar 7. Saber como receber e transmitir simultaneamente 8. Comunicar completamente 9. Manter o ritmo 10. Saber escutar "entre as linhas" 11. Usar palavras facilmente compreensíveis 12. Ter certeza de si mesmo 13. Concentrar-se no cliente 14. Sentir-se confortável com os problemas 15. Estar "com" o cliente

Fonte: Tisoc, 2007, p. 4-7, tradução nossa.

A **teoria de coaching auto-organizado**, segundo registra a Hamburger Schule (2018, tradução nossa), "descreve todos os mecanismos relevantes de influência. É essa unidade que permite melhorar e comprovar a qualidade".

Desse modo, o coaching auto-organizado apresenta uma estrutura assim delimitada: "1. Situação atual do mercado. 2. Compreensão da teoria. 3. Definição e terminologia. 4. Axiomas. 5. Fundamentos e deduções. 6. Execução empírica e postulados. 7. Aplicação na prática. 8. Contextualização" (Die Hamburger Schule, 2018, tradução nossa).

De acordo com Meier e Jansen (2011, p. 1, tradução nossa), "O princípio do presente conceito de coaching é a teoria do 'coaching auto-organizado', concluindo-se que coaching é, sobretudo, o desenvolvimento de competências de autoaprendizagem". Nessa teoria, observam-se os seguintes valores: liberdade de voluntariedade, disponibilidade de recursos e autodireção.

Na definição da teoria do coaching auto-organizado assim registra a Hamburger Schule:

> A teoria de coaching auto-organizado descreve, com base em um contexto compreensivo-dramatúrgico e usando um método estruturado, como o autoaprendizado criativo pode instaurar e promover a capacidade individual de tomada de decisão como um conceito sustentável de autoaprendizagem.
>
> Termos gerais
>
> Liberdade
>
> Descreve a capacidade e a obrigação de escolher entre alternativas e de acordo com critérios de seleção individuais e específicos.

Livre-arbítrio
Significa a ação intencional e/ou espontânea.

Disponibilidade de recursos
Significa acesso ilimitado à mídia interna ou externa.

Autodireção
É a capacidade de formular objetivos e ações e implementá-los apesar dos obstáculos internos ou externos.

Extensão da autopercepção
É a capacidade de interpretar a imagem sob diferentes demandas de contexto.

Alternativas de ação
São diferentes formas de comportamento reguladas pela vontade humana.

Capacidade de decisão
Descreve o potencial para escolher entre alternativas. (Die Hamburger Schule, 2018, tradução nossa)

Acerca da teoria do coaching auto-organizado, a indicação é que aqueles que defendem o controle de qualidade, e assim também o treinamento avançado em coaching, "devem ter uma complexidade diferenciada de estratégias para suas análises e realizações à sua disposição. Essa complexidade de compreensão, estratégias e medidas forma uma teoria" (Die Hamburger Schule, 2018, tradução nossa).

A teoria do coaching auto-organizado descreve a exigência e a legitimidade do coaching, assim como seus mecanismos e a verificação de sua validade. Ela é destinada aos formadores de coaches, como fundamento e legitimação dos programas de formação curricular; à prática do coachee, para a interpretação dos diferentes entendimentos dessa ferramenta; à prática de futuros coaches, para que avaliem por si mesmos a abordagem desse método e para que desenvolvam os próprios procedimentos; aos futuros coaches, para a avaliação e seleção de cursos de coaching. Além disso, serve como uma base sobre a qual a ciência pode avaliar o coaching e impulsionar acadêmicos para o desenvolvimento dessa ferramenta. (Die Hamburger Schule, 2018).

O processo de coaching tem como propósito o aumento de percepções, ações alternativas e capacidade de tomada de decisão; esse objetivo requer uma concepção sustentável de autoaprendizagem mediante: o seguimento de fases que compreendam o contato e o contrato; a aplicação de tópicos e metas claras; a identificação de recursos; o desenvolvimento e a seleção de alternativas comportamentais; o controle e a graduação (Meier; Jansen, 2011).

Conforme a Hamburger Schule (2018), a concepção de autoaprendizagem eficaz se caracteriza pela expectativa do resultado, que significa alcançar ou possibilitar uma concepção de aprendizagem efetiva. O coachee reconhece por si mesmo de quais competências necessita para alcançar os objetivos e qual caminho deve seguir. "A elaboração de um conceito de autoaprendizagem significa a capacidade de elaborar e implementar um sistema de meta-estrutura-ação em um contexto temático referente à própria aprendizagem" (Die Hamburger Schule, 2018).

Com relação à **teoria U do coaching**, foi criada por Otto Scharmer, que desenvolveu uma doutrina dos diferentes níveis de percepção e mudança, com base em uma imagem no formato da letra U, com vistas a identificar as diferentes profundidades de percepção da realidade e os muitos níveis de ação que delas decorrem.

Scharmer (2018) explica que esta é uma teoria que parte da percepção compartilhada da realidade, com um caminho verdadeiro e adequado de reabilitação dos sentidos humanos. A teoria U fornece respostas com uma miscelânea de informações, pensamento sistêmico e um guia para a mudança de visão na evolução da consciência do homem. Trata-se de um método que parte da consciência individual para promover a mudança do sistema e para responder, especialmente, a dois questionamentos: 1) Como aprendemos quando somos confrontados com momentos de crise? 2) O que aprendemos do futuro que quer emergir?

O processo da teoria U do coaching envolve três elementos assim apresentados: "Observe, observe, observe – torne-se um com o mundo; recolha-se e reflita – permita que o saber interior venha à tona; aja rapidamente, com um fluxo natural. A isso resolvemos chamar de sentir, presenciar e concretizar" (Senge et al., 2014, p. 90).

Explicitando a divisão desse processo, Morales (2015) descreve a etapa denominada *sentir* como o momento em que são recuperados os modelos mentais e a pessoa vê aquilo para o qual está preparada, ou o próprio passado, que reflete a experiência dela.

O momento chamado de *presenciar*, de acordo com Morales (2015), implica um movimento mais profundo, que busque interligar uma visão e um objetivo individual e plural. Essa condição na base da teoria U do coaching mostra a característica de o homem se conectar de modo profundo com o outro e consigo mesmo, enquanto se encontra em contato com o mundo.

Quando suspendemos e redirecionamos nossa atenção, a percepção começa a brotar de dentro do processo vivo do todo. Quando presenciamos, ela vai mais longe, emanando da mais grandiosa possibilidade futura que liga o eu ao todo. O verdadeiro desafio para compreender o ato de presenciar reside, não em seu caráter abstrato, mas na sutileza da experiência. (Senge et al., 2014, p. 91)

Por fim, Morales (2015) indica o momento denominado *fazer* como a construção de um protótipo destinado à tradução de uma visão atual em modelos de trabalhos concretos e realizáveis, que podem receber *feedback* e ajustes.

O formato da teoria U do coaching, segundo Morales (2015), escolhido como um símbolo aplicado ao processo de mudança, possibilita que a pessoa ou um grupo de pessoas desça percorrendo o caminho de compreensão dos próprios modelos mentais e mapas emocionais e a relação que esses elementos mantêm com a realidade na qual essa(s) pessoa(s) se insere(m).

O que acontece no momento chamado *sentir*, quando a pessoa se direciona para "descer" o U, determina os próximos acontecimentos, pois as teorias de mudança indicam a tomada de decisões, a determinação de visão e o comprometimento (Senge et al., 2014).

A "descida" do U pode ser compreendida como um processo gerador da perspectiva que incentiva a "subida" pelo lado direito do U, caracterizando essa ação como o momento de tomada de decisões acerca da forma como a pessoa pretende continuar (Morales, 2015).

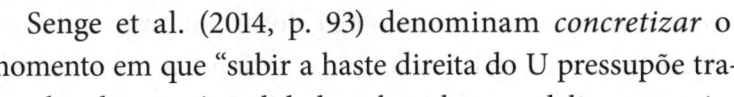

Senge et al. (2014, p. 93) denominam *concretizar* o momento em que "subir a haste direita do U pressupõe trazer algo de novo à realidade, tal qual no modelo convencional de aprendizado". As pessoas que estão "sobre" o U não estão sozinhas, elas se percebem vinculadas a outras pessoas e ao mundo, fato que revela a distinção entre a teoria U do coaching e as teorias de mudanças que têm sido oferecidas ao mundo, todas destacando a necessidade de o homem agir no mundo.

Explicam Senge et al. (2014, p. 95-96) quanto ao esquema da teoria U do coaching:

> No fundo do U existe uma espécie de portão interno que também exige renunciarmos à bagagem adquirida ao longo de nossa jornada. Ao atravessá-lo, começamos a ver a partir do interior da fonte daquilo que está surgindo, deixando que tome forma por nosso intermédio. Alguns de nossos entrevistados referiram-se ao portão interno como uma "membrana" ou "limiar". Uns chegaram a ver nele uma espécie de ciclo de vida e morte: deixar ir e entregar-se pertence ao domínio da morte no ciclo, enquanto o advento de um sentido diferente do eu parece pertencer aos estágios iniciais de um novo nascimento. Quando esse "limiar" é cruzado coletivamente, as pessoas oferecem relatos diversos da experiência. Alguns falam de uma criatividade extraordinária, outros, de uma energia quase inesgotável [...].

Configura-se a travessia desse limiar como o resultado do fomento para a subida do lado direito do U, quando o *realizar* se torna o momento de colocar em prática ideias e objetivos, com a elaboração do protótipo e do agir, ou seja, consolidando novas ideias e submetendo-as à prova da realidade, às avaliações e aos ajustes necessários (Morales, 2015).

4.3
Coaching remediativo

No processo de coaching está presente o coaching remediativo, situado como a fase de diagnóstico do coachee, conforme explicado no trecho a seguir:

> 1º Nível: identificar o ambiente do *coachee*, verificando o estado atual, o estado desejado, os limites e oportunidades da situação.
>
> 2º Nível: identificar e trabalhar com o *coachee* os seus comportamentos, atitudes, ações e reações diante dos fatos e condições. Considere aqui o Pensamento Sistêmico e a Lei de Ação e Reação.
>
> Nestes dois primeiros níveis o *coach* está trabalhando no que denominamos Coaching Remediativo, ou seja, aquela fase do processo onde ainda estamos diagnosticando e tratando apenas os sintomas do *coachee*. (Matteu, 2012, p. 139)

Fazem parte do coaching remediativo os níveis neurológicos da pirâmide do processo evolutivo: primeiro nível – ambiente, com limites e oportunidades; segundo nível – comportamento, com ação e reação.

O coaching remediativo, em seu nível inicial, realiza o diagnóstico, que verifica o estado atual e o estado desejado do indivíduo, bem como os limites e as oportunidades da situação, conforme destaca Matteu (2012).

Com respeito ao diagnóstico, Chiavenato (2017, p. 113) afirma que ao coaching compete "constituir um processo flexível e contingencial de diagnóstico prévio e de ação justa de acordo com o diagnóstico feito". Trata-se de um processo desenvolvido conforme requer o caso, que se vale da flexibilidade e da liberdade para modificações.

De modo geral, "O diagnóstico define a terapêutica, isto é, o planejamento daquilo que deve ser feito para alcançar as metas e os resultados desejados. E a terapêutica define o plano de ações de intervenção do mentor" (Chiavenato, 2017, p. 118).

Por meio do diagnóstico, é possível ao coachee mostrar indicações relevantes com respeito aos pontos fortes, aos pontos que ele precisa desenvolver, às crenças e ao quadro de valores, que estruturam as atitudes diante das pessoas e do ambiente em que ele atua. O diagnóstico tem como objetivo oferecer condições para que o coachee conheça a si mesmo, uma forma de identificar seus valores internos, às vezes escondidos, que podem ser acessados quando o propósito é o alcance dos resultados que pretende para a vida pessoal e profissional (Zaharov, 2010).

Trata-se da etapa que se caracteriza pelas descobertas de si, considerando-se os pontos fracos, porque as pessoas mantêm os próprios comportamentos em função dos benefícios recebidos, de modo concreto ou não, e que se configuram como dificuldades para as mudanças. Assim, ao coletar os dados que contribuam para o desenvolvimento do coachee, as vantagens identificadas nos pontos fracos devem ser analisadas, uma vez que poderão revelar necessidades inseridas no comportamento da pessoa (Zaharov, 2010).

Block (2012) considera a fase do diagnóstico como fase prévia, um momento dedicado ao entendimento das necessidades e expectativas dos envolvidos, de modo direto no processo e no contexto em que atuam. No diagnóstico, devem ser realizadas algumas ações que identifiquem de modo claro qual é a necessidade do coachee e da organização na qual ele atua, qual é a temática para o coaching, se envolve a mudança, a melhoria ou o desenvolvimento, e o que é importante na carreira da pessoa.

Segundo Block (2012, p. 51),

> Esse conjunto de ações iniciais, que fazem parte do diagnóstico, tem como objetivo gerar o que chamamos de "contrato psicológico", no qual as partes envolvidas – coach, coachee e organização – se comprometem com o efetivo andamento do processo. O "contrato psicológico" é o acordo com o indivíduo e a empresa sobre o objeto do trabalho, a metodologia, as etapas, o papel de cada um no processo, suas expectativas, o resultado esperado e, principalmente, o papel do executivo como ator principal, o que vai exigir dele verdadeira dedicação.

Chiavenato (2017) sugere um modelo de diagnóstico que se utiliza de um processo flexível de diagnóstico e de ação, composto por seis etapas que se interligam entre si. No início, o modelo tem como propósito manter um relacionamento adequado entre o coach e coachee.

Em seguida, há a coleta dados e informações que possam proporcionar um diagnóstico da situação em que se encontra o coachee e a definição de metas e resultados que norteiem um plano de ação a ser seguido e que aceite ações de intervenção dinâmica entre os atores e a avaliação contínua dos resultados (Chiavenato, 2017).

Esse modelo de diagnóstico e ação segue as etapas do processo de coaching: relacionamento com o protegido; diagnóstico da situação; definição de metas e resultados; planejamento da ação; ações de intervenção; avaliação de resultados (Chiavenato, 2017).

Com relação ao pensamento sistêmico, exemplificado no segundo nível do coaching remediativo, Clutterbuck (2008, p. 276) refere-se à adoção de uma abordagem holística, com visão de equipe e do ambiente em múltiplas interconexões: "Em lugar de focar problemas e soluções, o pensamento sistêmico tenta primeiramente compreender o contexto em que surge, investigando o impacto ou a influência que algumas partes do contexto maior têm umas sobre as outras".

Podemos compreender o pensamento sistêmico como uma técnica de coaching que utiliza conceitos desse pensamento, a exemplo das constelações sistêmicas, que permitem ao coachee visualizar a situação e o sistema à sua frente. Tais constelações são produzidas com base em uma conversa, que busca padrões e dinâmicas presentes e utiliza a percepção sistêmica, a qual possibilita intervenções. Nesse processo, o coach realiza o diagnóstico em associação com o *coachee* "e busca soluções para as questões que envolvem relacionamentos, vínculos e situações, tomada de decisão, empresas, carreira, visão de mundo" (Tavares, 2013, p. 88).

Para Castilho (2013), é função do pensamento sistêmico o mapeamento das forças e das dificuldades que impactam a mudança desejada. O autor faz referência à concepção registrada por Albert Einstein, para o qual nenhum problema poderia ser resolvido tendo como base o mesmo nível de consciência que o criou, de modo que devem ser verificadas as questões por diferentes prismas, sendo necessário buscar soluções criativas para solucioná-las.

Peter Senge já havia afirmado que uma organização que aprende se caracteriza como o ambiente no qual as pessoas descobrem a responsabilidade pessoal em criar a própria realidade, destacando o pensamento sistêmico como a quinta disciplina que pode transformar a realidade e criar o futuro desejado. A concretização de um pensamento sistêmico requer, portanto, as seguintes quatro disciplinas: construção de uma visão compartilhada, modelos mentais, aprendizagem em equipe e domínio pessoal (Senge, 2018).

Ao explicar por que o pensamento sistêmico se configura como quinta disciplina, Senge (2018) assegura a importância de que as cinco disciplinas se desenvolvam em conjunto, uma condição desafiadora em razão da dificuldade na integração de ferramentas novas comparativamente a uma aplicação em separado; porém, devem ser considerados os benefícios dessa junção, que, segundo o autor, são imensos.

O pensamento sistêmico, como a quinta disciplina, integra o restante das disciplinas, "fundindo-as em um corpo coerente de teoria e prática. Isso impede que elas sejam recursos separados ou um modismo mais recente" (Senge, 2018, p. 5). A orientação sistêmica oferece a motivação para o exame sobre a forma de inter-relacionar as disciplinas, porque a ênfase em cada uma das outras disciplinas implica lembrar "que o todo pode superar a soma das partes" (Senge, 2018, p. 5).

Senge (2018, p. 16) elaborou uma metáfora para apresentar a adesão das pessoas ao pensamento sistêmico:

> As nuvens engrossam, o céu escurece, as folhas ardem e sabemos que vai chover. Também sabemos que depois da tempestade a água de drenagem cairá em rios e lagoas a quilômetros de distância, e que o céu estará limpo para amanhã. Todos esses eventos são distanciados no espaço e tempo, mas todos estão conectados dentro do mesmo padrão. Cada um influencia o resto, e a influência é geralmente escondida. Somente o sistema da tempestade é entendido ao contemplar o todo, não cada elemento individual. Empresas e outras empresas humanas também são sistemas. Eles também estão ligados por quadros invisíveis de atos inter-relacionados, que muitas vezes levam anos para exibir plenamente seus efeitos mútuos. Como somos parte dessa urdidura, é duplamente difícil ver todo o padrão de mudança. Pelo contrário, normalmente nos concentramos em instantâneos, partes isoladas do sistema e perguntamos por que nossos problemas mais profundos nunca são resolvidos. O pensamento sistêmico é uma estrutura conceitual, um conjunto de conhecimentos e ferramentas

que se desenvolveu nos últimos cinquenta anos, para que os padrões totais sejam mais claros e para nos ajudar a modificá-los. Embora as ferramentas sejam novas, elas supõem uma visão de mundo extremamente intuitiva; experimentos com crianças mostram que elas aprendem rapidamente o pensamento sistêmico. (Senge, 2018, p. 16)

Portanto, o coach realiza o pensamento sistêmico, no sentido de mapeamento do contexto de um problema identificado, relacionando todos os fatores a ele associados, sendo que alguns são óbvios e outros poderão ser revelados com a realização do diálogo de aprendizagem, quando poderão ser discutidos temas como metas, ambições, valores, medos, recursos, pessoas, habilidades, crenças, autoestima e outros que forem pertinentes ao caso (Clutterbuck, 2008).

Como destaca Castilho (2013), a importância do pensamento sistêmico reside em sua característica de irrefutabilidade, porque todos os atores de uma dada organização, ou comunidade, que se encontrem envolvidos em um processo produtivo impactam e são impactados por mudanças constantes de diferentes âmbitos em seu cotidiano. Especialmente em um mundo globalizado e que mantém todos os homens conectados entre si, também a reflexão é sistêmica por conta desse pensamento que faz ponderar sobre a importância de uma consciência comum.

Na concepção de Senge (2018), ao construir uma visão compartilhada, o pensamento sistêmico estimula um compromisso de longo prazo, visto que os modelos mentais destacam a possibilidade da descoberta acerca das limitações na maneira pessoal de ver o mundo na contemporaneidade. Quanto à aprendizagem em equipe, essa disciplina desenvolve as habilidades de grupos de pessoas na busca de uma figura ampliada e que suplante as perspectivas particulares.

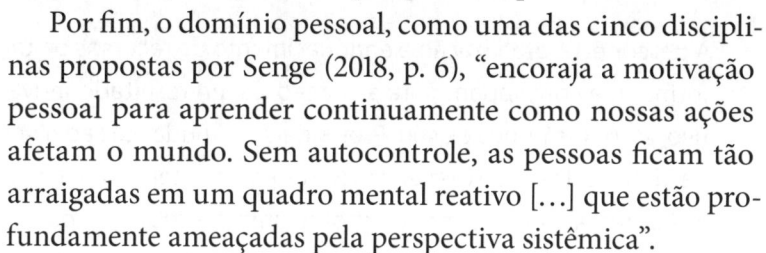

Por fim, o domínio pessoal, como uma das cinco disciplinas propostas por Senge (2018, p. 6), "encoraja a motivação pessoal para aprender continuamente como nossas ações afetam o mundo. Sem autocontrole, as pessoas ficam tão arraigadas em um quadro mental reativo [...] que estão profundamente ameaçadas pela perspectiva sistêmica".

4.4 Coaching generativo

Vimos que, no coaching remediativo, o coachee é diagnosticado e tratado em seus sintomas. Aqui devemos observar que que, segundo Matteu (2012), dependendo das condições que o indivíduo apresenta com respeito à situação e ao estado desejado, o nível remediativo poderá ser suficiente para resolver as questões que o preocupam naquele momento.

No entanto, no próximo nível do coaching, o coach tem a oportunidade de intervir em escalas mais profundas, no que é denominado de *coaching generativo*, referente ao terceiro nível – capacidades e habilidades, com direção estratégica – e ao quarto nível – crenças e valores, com permissão e motivação.

Esse tipo de coaching lança perguntas do tipo "Como?" e "Por quê?" e sua centralidade reside em crenças e valores, capacidades e habilidades (Matteu, 2012).

O coaching generativo é definido em razão do conceito de *generatividade*, que se refere

> À descoberta, atualização e enriquecimento de recursos de tal forma que contribuam para a criação de um resultado inovativo, algo que nunca existiu. Pretendem-se mudanças ao nível da identidade e da experiência que as pessoas têm em relação aos sistemas maiores no quadro de uma contribuição para a construção de um mundo melhor. Com o Coaching Generativo pretende-se ativar as infinitas possibilidades do inconsciente criativo de modo a deixar emergir algo que nunca antes teve lugar. (Figueira, 2017)

Del Prado ([1996], p. 18, tradução nossa) assim apresenta o coaching generativo:

> O Coaching Generativo é uma maneira de entender as pessoas em sua totalidade, composto por conversação (linguagem) e ações (práticas) consistentes com esse entendimento. É um enfoque muito simples, porém merece um estudo detalhado porque representa uma mudança drástica nas práticas organizacionais atualmente em vigência.

O coaching generativo foi abordado por Robert Dilts, na chamada *programação neurolinguística* (PNL) de terceira geração, ao se referir ao Coach com "C" maiúsculo quando o apoio ao outro, nos âmbitos internos e externos à organização, ultrapassa os níveis de guia, coach, professor e *sponsor* (Figueira, 2017).

O termo *generativo* tem como referência a criação de um resultado que nunca existiu no modelo do mundo do coachee: "É a qualidade da relação entre coach e coachee que é generativa, criando as condições para o surgimento de um nível de consciência capaz de gerar realidades radicalmente novas" (Monsempès, 2017, tradução nossa).

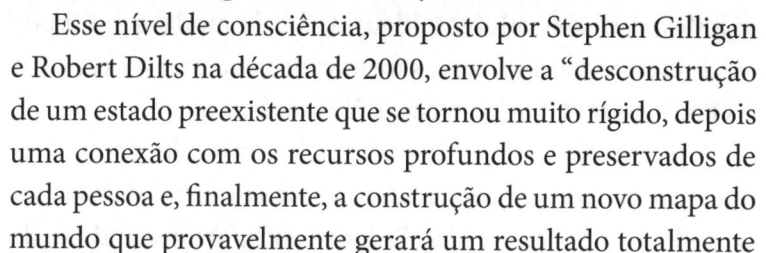

Esse nível de consciência, proposto por Stephen Gilligan e Robert Dilts na década de 2000, envolve a "desconstrução de um estado preexistente que se tornou muito rígido, depois uma conexão com os recursos profundos e preservados de cada pessoa e, finalmente, a construção de um novo mapa do mundo que provavelmente gerará um resultado totalmente novo" (Monsempès, 2017, tradução nossa).

O coaching generativo tem como objetivo obter um rendimento excelente e sustentável a longo prazo, o qual implica a atividade de autogeração e de autocorreção. Esse objetivo determina o compromisso e o desenvolvimento das capacidades individuais (Del Prado, [1996]).

Uma sessão de coaching generativo requer que o coach ajude o cliente no estabelecimento de um diálogo entre o inconsciente criativo e o mundo consciente do coachee, de modo a criar um espaço aberto à manifestação das possibilidades infinitas do ser humano, assegurando a interação com base na versão ideal do indivíduo, com vistas a tirar o máximo do momento, em um processo que inclui a ativação, a mobilização e o enriquecimento de recursos (Figueira, 2017).

O princípio de generatividade teve sua teorização apresentada por Otto Scharmer, na obra *Teoria U*, na qual ele explica que considerar o futuro com mapas mentais do passado implica levar mais da mesma coisa: "Inventar o futuro exige romper com velhos mapas mentais antes de se reconectar a um novo campo de possibilidades" (Monsempès, 2017, tradução nossa).

No entendimento de Dilts e Epstein (2004), o coaching pessoal, o coaching executivo e o coaching vital proporcionam apoio a uma variedade de níveis: comportamento, capacidades, crenças, valores e identidade, de modo que foi possível referir-se a essas novas formas de coaching – executivo e vital – como Coaching com "C" maiúsculo.

A referência ao coaching com "c" minúsculo significaria que o processo se concentra em um "jogo externo" do coachee, quando a melhoria das habilidades comportamentais se dá em um contexto específico, com um coaching "baseado em métodos do modelo de treinamento esportivo, que valorizam os recursos dos clientes e desenvolvem habilidades conscientes" (Monsempès, 2017, tradução nossa).

Na interpretação de Dilts e Epstein (2004, p. 21, tradução nossa), "O coaching com 'c' minúsculo se centraliza melhor no nível do comportamento, referindo-se ao processo de ajuda a outra pessoa para alcançar ou melhorar determinada atuação comportamental". Com relação ao Coaching com "C" maiúsculo, assim conceituam Dilts e Epstein (2004, p. 22, tradução nossa):

> O Coaching com "C" maiúsculo implica ajudar as pessoas a atingir com eficácia seus objetivos em diversos níveis. Enfatiza a mudança generativa, concentrando-se em reforçar a identidade e os valores e converter os sonhos e os objetivos em realidades. Abrange as habilidades correspondentes ao Coaching com "c" minúsculo, porém inclui também muitos outros aspectos.

Quando o apoio ultrapassa o nível do coach, é preciso criar um *awakener* (despertar), que transita em direção ao nível neurológico da transmissão, levando pessoas e empresas a uma mesma conexão relacional com sua missão no mundo, definindo como objetivo específico a própria responsabilização e contribuição para com a sociedade e para com o planeta. "Este processo concreto de realização plena, individualmente ou num grupo, é definido como 'congruência', ou alinhamento dos 'níveis neurológicos'" (Figueira, 2017).

Ressalta Schnitman (2016) que, sob a perspectiva generativa, o diálogo, a reflexão, as narrativas e a aprendizagem estão presentes em terapias e intervenções psicossociais, ambiente no qual ocorrem os processos dialógicos entre os participantes que objetivam a reconstrução de possibilidades, coordenando ações e conhecimentos e inovando de modo plural.

Essa perspectiva generativa, segundo Schnitman (2016, p. 56),

> Compartilha os aspectos mencionados e adiciona um foco particular à importância do diálogo, aos processos emergentes e às posições generativas, criando novas opções frente aos problemas colocados pelos consultantes, um profissional plenamente envolvido com as circunstâncias, os consultantes e seu próprio self; inclusão e respeito por consultantes, sua aprendizagem e empoderamento, e a construção ativa de futuros possíveis e implementáveis.

A proposta da perspectiva generativa é de uma relação profissional-consultantes, que se caracteriza "pela ação conjunta, inovação, e uma incorporação coordenada das experiências, recursos e conhecimento das pessoas em diferentes contextos para construir uma plataforma para o processo" (Schnitman, 2016, p. 58).

É o estado de presença do coach que origina o coaching generativo, que deve ocorrer de modo que o coach ajude a despertar esse estado no coachee, ou seja, o coach deve encontrar-se em um estado de presença para que aconteça alguma coisa no processo de coaching. A presença, nesse caso, significa o indivíduo estar centrado, nele mesmo e no coachee, com os neurônios em alerta e conectado no campo subjetivo que os contém, mantendo as constituintes que um estado de presença requer: *flow* (fluxo), plenitude de vida, criatividade, satisfação, empatia, calma confiante e conexão. (Figueira, 2017).

O coaching generativo é possível mediante o estabelecimento e a manutenção de relações, mutuamente satisfatórias com o coachee e o coach, em quatro áreas:

1. **Compromisso mútuo**: tanto o coach quanto o coachee devem estar comprometidos em alcançar o mesmo objetivo; o coaching generativo é produzido na zona na qual se sobrepõem o compromisso do coach e o do coachee.
2. **Confiança mútua**: o compromisso de ambos deve ser sincero e, ainda, eles devem ter as capacidades necessárias para poder alcançar o objetivo.
3. **Respeito mútuo**: ambas as pessoas devem acreditar que as intenções do outro são autênticas e devem manifestar claramente suas opiniões sem pretextos nem duplas mensagens. Também devem considerar positivamente a

posição do outro, mas isso não significa necessariamente que estão de acordo.

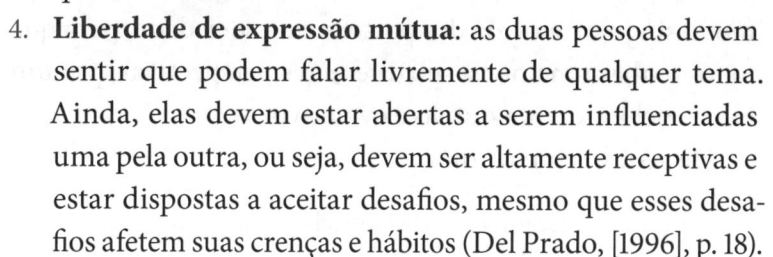

4. **Liberdade de expressão mútua**: as duas pessoas devem sentir que podem falar livremente de qualquer tema. Ainda, elas devem estar abertas a serem influenciadas uma pela outra, ou seja, devem ser altamente receptivas e estar dispostas a aceitar desafios, mesmo que esses desafios afetem suas crenças e hábitos (Del Prado, [1996], p. 18).

Além dessas quatro áreas de reciprocidade, é vital que o coach considere o coachee como um ser humano integral, e não como uma parte da estrutura com uma linha definida de ação – essa é uma condição imprescindível para que possa concretizar-se o coaching generativo (Del Prado, [1996]).

4.5
Coaching evolutivo

Entre as diferentes linhas de abordagem de coaching, uma das mais completas é a linha evolutiva, caracterizada por um processo que conduz o coachee à reflexão sobre os múltiplos aspectos da própria vida, a forma como lida com cada um deles e as perspectivas de mudança, especialmente com aquilo que o satisfaz. Em sua ação, "O Coaching Evolutivo conduz as pessoas a uma visão espiritual de mundo" (Ruggeri, 2012, p. 68).

Matteu (2012, p. 139) define o coaching evolutivo como a condição de um processo de coaching que contribua de modo singular na vida das pessoas e da sociedade, para que todos tenham melhoria sob diferentes perspectivas, por um olhar inclusivo, integrativo e evolutivo.

De acordo com o autor,

> O *Coaching* Evolutivo é uma possibilidade de unir várias ciências, conectar conhecimentos e realinhar as pessoas sob uma perspectiva sistêmica e integral, elevando desempenhos, acelerando resultados e tornando as pessoas mais felizes. A partir do foco de sentir, saborear, viver a felicidade, a psicologia positiva contribui sobremaneira e pode ser definida como "a ciência e as aplicações relacionadas ao estudo das qualidades psicológicas e das emoções positivas" (Snyder; Lopez, 2009, p. 33). (Matteu (2012, p. 139)

A psicologia positiva, cujo foco é a felicidade e a produtividade, compreende uma linha direta com a proposta do coaching evolutivo; além disso, ocorre a identificação das virtudes e das qualidades humanas que recebem estímulo nesse processo. Portanto, o processo de coaching evolutivo oferece o foco necessário e auxilia no desenvolvimento da evolução da pessoa como ser humano, contribuindo para a realização de ações e a utilização de ferramentas destinadas a conduzir essa pessoa aos seus objetivos (Matteu, 2012).

No tocante ao coaching evolutivo, nem todas as pessoas que participam de sessões de coaching se encontram no mesmo patamar em relação ao desenvolvimento do próprio ego. A utilização de um modelo baseado em distintos estágios do ego permite que o coach compreenda em que posição se encontra um coachee e, a partir dali, determine que tipo de intervenção necessita fazer para que o processo seja efetivo. O contato psíquico com o mundo exterior é atribuição do ego, que reage conforme requerem o inconsciente e o ambiente social (Goldvarg, 2017).

O enfoque do coaching evolutivo é o desenvolvimento de um ego saudável, que melhore a percepção do indivíduo sobre si mesmo, conforme evite ou iniba os condicionantes e os autoenganos. Desse modo, vemos que o coaching evolutivo tem como função a criação e melhoria da percepção do mundo interno e externo, explorando os filtros que são utilizados para interpretar a realidade e para melhorar tanto a relação entre o corpo e a mente quanto o sentido de identidade do sujeito (Goldvarg, 2017).

O processo evolutivo do coaching, tendo em vista as várias etapas pelas quais ele passa, é descrito por Moraes (2012, p. 113) do seguinte modo:

> *Coaching* é um processo de desenvolvimento humano que visa transportar as pessoas de um estado limitante que não atende às expectativas para outro estado, onde a pessoa sente-se realizada ou no caminho para a realização. O *Coaching* é realizado por profissional especializado, com formação específica. O *coach* é quem ajuda as pessoas a atingirem suas metas, seus sonhos e a trilharem o caminho do desenvolvimento humano. O objetivo do Coaching é levar a pessoa ao cumprimento de suas metas e desejos.

No processo de coaching evolutivo, a base consiste nos níveis neurológicos da PNL, conforme exposto no Quadro 4.2.

Quadro 4.2 – Níveis neurológicos considerados no coaching evolutivo

Ordem	Níveis neurológicos	Definição
1º	Ambiente	O contexto, tudo o que rodeia o indivíduo, e as pessoas com as quais ele se relaciona.
2º	Comportamento	Refere-se às ações específicas do indivíduo.
3º	Habilidades e capacidades	Centra-se no que o indivíduo pode fazer.
4º	Crenças e valores	É aquilo no qual o indivíduo acredita e que considera importante para si.
5º	Identidade	É a autoconsciência do indivíduo, os valores, as essências e a missão de vida.
6º	Espiritualidade	Está atrelada a algo além do indivíduo em si mesmo, uma perspectiva espiritual.

Fonte: Elaborado com base em Matteu, 2012, p. 136.

Moraes (2012) informa as etapas para o processo evolutivo de coaching: investigação e reflexão; definição de metas, tarefas e plano de ação; avaliação e comportamento.

A etapa de **investigação e reflexão** é a primeira na evolução do processo de coaching e representa uma reflexão sobre a vida do cliente. Nessa etapa, é realizado um levantamento sobre aspectos pessoais e profissionais com o propósito de identificar de que modo o coachee destina energia a cada uma das situações que vivencia. Aqui também se busca conhecer as crenças limitantes do coachee, quais sejam, as verdades impeditivas para conseguir bons resultados, de modo geral (Moraes, 2012).

Crenças são as regras pelas quais a pessoa vive. Essas regras podem ser libertadoras e positivas, conferindo uma permissão para atingir suas metas e viver seus valores. Elas também podem ser de impedimentos, tornando as metas impossíveis ou levando a pessoa a acreditar que não é capaz de obtê-las. [...] Crenças são princípios de ação e não teorias vazias. Assim, se a pessoa quer saber no que acredita, deve observar suas palavras e frases, e no que dizem as pessoas com as quais convive, o tipo de trabalho que exerce, a religião que segue etc. As crenças são o resultado das experiências humanas. Elas são verdadeiras apenas para as pessoas que as seguem. Logo, as crenças são verdades subjetivas, ligadas ao histórico das pessoas e à forma como conduziram suas trajetórias. [...] Alguns tipos de *coaching* podem ser realizados sem lidar com crenças. No entanto, quando o cliente tem dúvidas sobre suas habilidades e competências para atingir sua meta, então o *coach* deverá explorar as crenças do seu cliente. (Moraes, 2012, p. 116)

Assim, quando o coachee estiver conscientizado dos fatores que limitam sua ascensão e desenvolvimento, poderá estabelecer **metas**, auxiliado pelo coach, recebendo as **tarefas** a serem executadas para tal finalidade; além disso, poderá elaborar o **plano de ação** com as atividades direcionadas ao cumprimento das metas (Moraes, 2012).

O plano de ação consiste no detalhamento das metas definidas pelo coachee no processo de coaching. As metas devem ser detalhadas para que sejam factíveis, ainda que sejam apenas uma intenção bem definida e não apresentem todos os elementos que podem assegurar seu atingimento. No plano de ação devem estar presentes os seguintes elementos:

Tarefas – relação de atividades que deverão ocorrer para que a meta seja atingida. As tarefas devem ser listadas em ordem cronológica.
Responsável – pessoa que será responsável por aquela tarefa.
O cliente é responsável pela meta como um todo, mas algumas tarefas poderão ser realizadas por outras pessoas.
Recursos – as tarefas normalmente precisarão de recursos físicos ou financeiros para a sua realização.
Custos – os valores financeiros necessários à tarefa.
Data Final – toda tarefa deve ter uma data para ser cumprida.
O cumprimento de todas as tarefas deverá levar ao cumprimento da meta. (Moraes, 2012, p. 122)

Freas (2003, p. 75) já havia registrado que no planejamento da ação no processo de coaching "o plano de ação deve focar-se nos comportamentos que contribuem para resultados de negócio específicos".

O plano de ação é realizado na fase inicial do coaching, concomitantemente ao mapeamento da situação atual e até onde o coachee tem a pretensão de chegar. O plano sofrerá constante avaliação, porque as metas motivacionais são inúmeras, mas nem sempre permitem que seja realizado um bom plano de ação (Moraes, 2012).

A fase de **avaliação e de acompanhamento**, segundo Moraes (2012, p. 114), é aquela na qual "O *coach* irá ajudar seu cliente a avaliar o progresso alcançado e a ajustar os rumos de modo que os obstáculos sejam vencidos e as metas sejam atingidas" (Moraes, 2012, p. 114).

De acordo com Riter (2013, p. 157),

É valiosa a mensuração dos resultados e o monitoramento do desempenho durante o processo de desenvolvimento do *coachee*. O resultado observável de uma ação indica mudanças de modelo mental, comportamentos e conhecimentos. A avaliação oferece uma referência entre o ponto de partida e o de chegada; auxilia nas tomadas de decisões para correções de rumo, ritmo, estratégia, ou mesmo de objetivos; também permite uma conexão direta e utilizável com a realidade experienciada. Esses são elementos essenciais à condução promissora do crescimento, quer autorregulado, quer auxiliado. A capacidade de avaliação do seu próprio desempenho é uma ação de autogerenciamento fundamental aos desdobramentos do processo de desenvolvimento das competências e forças de pessoa. A busca permanente da superação das próprias fragilidades tem sido o combustível para o aperfeiçoamento e alcance de altos graus de excelência.

Devemos ter em mente que, com relação ao processo de coaching e, portanto, à sua avaliação, não devem ser utilizados os métodos de avaliação usualmente aplicados em organizações; é preciso fazer uma releitura que atenda às necessidades do contexto vigente e aos objetivos desse processo. Entretanto, alguns métodos avaliativos conhecidos e amplamente utilizados nas organizações podem ser valiosos no processo de coaching: método de escalas gráficas de classificação; método da pesquisa de campo; método dos incidentes críticos; método de autoavaliação; método da avaliação por resultados; método da avaliação 360 graus; avaliação por competências (Riter, 2013).

Na adaptação de um método de avaliação ao processo de coaching e ao contexto do coachee, alguns cuidados a serem tomados pelo coach são necessários: definir com clareza e objetividade as metas a serem alcançadas e estabelecer indicadores que permitam a realização de monitoramento e mensuração (Riter, 2013).

Síntese

Neste capítulo, tratamos do processo evolutivo do coaching, o momento em que ele possibilita a individuação do ser humano e este pode olhar para si de modo mais profundo, alcançando novos patamares de expressão e de consciência.

Vimos também aspectos do coaching generativo, que possibilita o surgimento de um novo nível de consciência e, dessa forma, a geração de realidades novas, desconstruindo um estado presente e construindo um mapa de mundo inovador.

Por fim, analisamos o coaching evolutivo, que atua com a psicologia positiva e a PNL, trabalhando os níveis neurológicos do indivíduo e a destinação de energia das situações vivenciadas.

Atividades de autoavaliação

1. Robert Dilts criou os sete níveis neurológicos, recebendo contribuição de outros autores. A pirâmide representativa desses níveis contempla:
   I) ambiente, comportamento, capacidades e habilidades, crenças e valores, identidade, afiliação e legado.
   II) ambiente, comprometimento, capacidades, crenças e valores, identidade e legado.

III) senso de significado da vida, comprometimento, coaching generativo, crenças e valores.
IV) psicogeografia, ação e função, senso de significado da vida e habilidades.
V) coaching evolutivo, transformações, legado, visão e propósito, comportamento, ambiente.

Agora, assinale a resposta correta:

a) Apenas as opções II e V estão corretas.
b) Estão corretas as opções III e IV.
c) As opções II e IV estão corretas.
d) Estão corretas as opções III e V.
e) Somente a opção I está correta.

2. Analise as afirmativas a seguir:
I) A qualidade da relação entre coach e coachee é generativa.
II) O coaching generativo tem como objetivo obter um rendimento excelente e sustentável a longo prazo.
III) A sessão de coaching generativo requer que o cliente seja ajudado no estabelecimento de um diálogo entre ele e o próprio inconsciente criativo.
IV) O coaching generativo permite que o inconsciente criativo reveja memórias passadas.
V) Com o coaching generativo, o coachee retoma os antigos mapas mentais.

Agora, assinale a alternativa correta:

a) Estão corretas as afirmativas III e IV.
b) Somente a afirmativa III está correta.

c) Estão corretas as afirmativas I e II.
d) As afirmativas IV e V estão corretas.
e) Apenas as afirmativas II e V estão corretas.

3. Com relação ao coaching com "c" minúsculo e ao Coaching com "C" maiúsculo, na interpretação de Dilts e Epstein (2004, p. 21), analise as afirmativas a seguir:

I) O coaching com "c" minúsculo se centraliza melhor no nível de abstração do coach na sessão com o coachee.

II) O coaching com "c" minúsculo refere-se ao processo de pedir que outra pessoa ajude o coach em uma mudança pessoal e profissional.

III) O Coaching com "C" maiúsculo enfatiza a mudança generativa, concentrando-se em reforçar a identidade e os valores e em converter os sonhos e os objetivos em realidades.

IV) O Coaching com "C" maiúsculo abrange as habilidades correspondentes ao coaching com "c" minúsculo, porém inclui também muitos outros aspectos.

V) O Coaching com "C" maiúsculo destaca o coaching remediativo após o diagnóstico.

Agora, assinale a alternativa correta:

a) As afirmativas IV e V estão corretas.
b) Apenas as afirmativas II e V estão corretas.
c) Somente a afirmativa II está correta.
d) Estão corretas as afirmativas I e II.
e) Estão corretas as afirmativas III e IV.

4. Entre as características do coaching evolutivo encontram-se as seguintes:
   I) O coaching evolutivo contribui de modo singular na vida das pessoas e da sociedade.
   II) O coaching evolutivo é uma possibilidade de unir várias ciências, conectar conhecimentos e realinhar as pessoas sob uma perspectiva sistêmica e integral.
   III) O coaching evolutivo oferece o foco necessário e auxilia no desenvolvimento da evolução da pessoa como ser humano.
   IV) O coaching evolutivo contribui para a realização de movimentos e decisões.
   V) O coaching evolutivo propõe o uso de ferramentas para fortalecer as sessões de coaching.

   Agora, assinale a alternativa correta:

   a) As afirmativas I e V estão corretas.
   b) Apenas as afirmativas III e IV estão corretas.
   c) Somente a afirmativa I está correta.
   d) Estão corretas as afirmativas I, II e III.
   e) Estão corretas as afirmativas II e III.

5. O processo evolutivo do coaching compreende algumas etapas e ações. Analise as afirmativas a seguir:
   I) As crenças são regras libertadoras e positivas, conferindo uma permissão para que o coachee atinja a formação desejada.
   II) No plano de ação do coaching evolutivo, os custos fazem referência aos recursos para a implementação da sessão.

III) Um plano de ação de evolução do coaching sofre constante avaliação, porque precisa mudar o coach nas sessões.

IV) Os métodos avaliativos no processo de coaching incluem: o método de escalas gráficas de classificação; o método da pesquisa de campo; o método dos incidentes críticos; o método de autoavaliação; o método da avaliação por resultados; o método da avaliação 360 graus; a avaliação por competência.

V) A busca permanente da superação das próprias fragilidades tem sido o combustível para o aperfeiçoamento e alcance de altos graus de excelência.

Agora, assinale a alternativa correta:

a) As afirmativas I e IV estão corretas.
b) Apenas as afirmativas IV e V estão corretas.
c) Somente a afirmativa III está correta.
d) Estão corretas as afirmativas I, II e V.
e) Estão corretas as afirmativas I e II.

Atividades de aprendizagem

Questões para reflexão

1. Com o coaching generativo, constatamos que, para o estabelecimento das metas e o consequente alcance delas, é essencial que os envolvidos tenham uma participação caracterizada pela mutualidade.

    Reflita sobre o quanto você, como coach ou como coachee, tem colaborado para essa relação.

Ordem	Participação	Sempre	Quase sempre	Às vezes	Quase nunca	Nunca
1.	Compromisso mútuo					
2.	Confiança mútua					
3.	Respeito mútuo					
4.	Liberdade de expressão mútua					

2. Identifique quais níveis neurológicos são mais evidentes em sua personalidade e estabeleça uma relação com o processo de coaching evolutivo.

Atividades aplicadas: prática

1. Experimente atuar na função de coach: exercite a pesquisa sobre seu próprio trabalho, de modo constante, e estenda a investigação para as novas descobertas sobre o coaching, incluindo as novas teorias que surgem nesse campo, fortalecendo os fatores que permitem mudanças mais efetivas no coachee. Em seguida, relacione seus pontos fortes e os aprimore; dê atenção aos pontos fracos identificados e minimize ainda mais a ação deles no processo de coaching. Sobre as inovações que conseguir implementar, estabeleça prazos para a mensuração de resultados.

2. Relacione o que você considera como pontos fortes e pontos fracos em seu aprendizado sobre o coaching. Com base nessas informações, elabore um planejamento para mudanças possíveis a curto e a longo prazo.

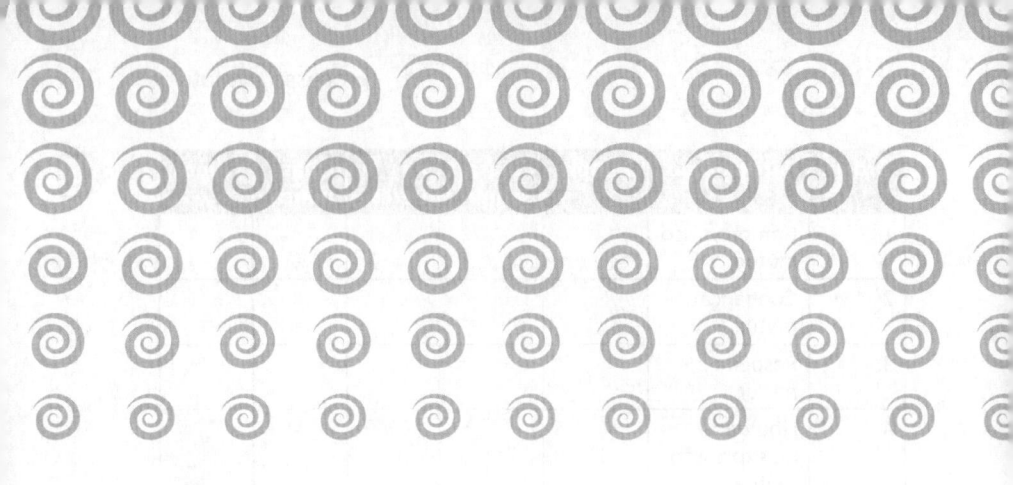

5
Mapas mentais

Neste capítulo, vamos tratar de mapas mentais, coaching e neurocoaching aplicado à psicopedagogia. O objetivo principal é a abordagem de estratégias e mapas mentais por meio do neurocoaching.

Esse tema faz parte do domínio cognitivo, e os objetivos específicos compreendem: compreensão dos mapas mentais; construção da visão individual metal; apresentação de novas possibilidades; estudos sobre um processo multidirecional; análise da transição da perspectiva ordinária para uma realidade extraordinária.

5.1
Conceito de mapas mentais

O mapa mental é definido por Buzan (2009, p. 6) como "Uma ferramenta dinâmica e estimulante que contribui para que o pensamento e o planejamento se tornem atividades mais inteligentes e rápidas". Em sua ação, a criação de um mapa mental consiste em um método inovador que possibilita ao indivíduo explorar os recursos do cérebro, tomar decisões e entender os próprios sentimentos.

Andrés Ocaña (2010, p. 99, tradução nossa) indica os mapas mentais como

> Um modo de representar as informações, de caráter mais gráfico e visual do que os simples esquemas, por meio do qual o que se busca fazer é refletir de uma maneira clara sobreos conceitos-chave de um tema, assim como sobre as relações que se estabelecem entre eles. Também, nos mapas mentais se pode refletir, além dos conceitos que aparecem no tema ou matéria sobre o que está realizando no mapa, sobre outras relações entre conceitos ou ideias importantes de outros temas que você tenha estudado anteriormente e que, portanto, já domina.

Ao elaborar os mapas mentais, o indivíduo deve colocar em ordem os conceitos, destacando primeiro os mais gerais e finalizando com os mais específicos. O mapa mental há de ser claro e deve ajudar na aprendizagem e refletir de maneira esquemática as ideias-chave do tema no qual a pessoa está trabalhando (Andrés Ocaña, 2010).

Além disso, os mapas mentais "são um método de armazenar, organizar e priorizar informações (em geral no papel), usando palavras-chave e imagens-chave, que desencadeiam lembranças específicas e estimulam novas reflexões e ideias" (Buzan, 2009, p. 10).

A chave que dá acesso a fatos, ideias e informações é o ativador da memória em um mapa mental; libera o verdadeiro potencial da mente, a fim de que o sujeito se torne naquilo que quiser ser. O segredo da eficiência do mapa mental está em sua forma e configuração dinâmicas, sendo desenhado como um neurônio e projetado para que o cérebro receba estimulação e trabalhe mais rápido e com mais eficiência, com emprego de métodos já conhecidos (Buzan, 2009).

Fenner (2017, p. 41) define o mapa mental como

> Um digrama sistematizado que ajuda na gestão de informações. Ele é de grande auxílio em situações onde temos muitas informações que precisam ser lembradas, contextualizadas e apresentadas de forma lógica e fáceis de compreender. Pela representação das informações e suas conexões de maneira gráfica, radial e não linear, o mapa mental estimula a imaginação e o fluxo de ideias, livre da rigidez das anotações lineares (listagens). O mapa mental é a maneira mais fácil de introduzir e de extrair informações de seu cérebro – é uma forma criativa e eficaz de anotar o que realmente orienta os seus pensamentos.

Na conceituação de Zaib e Gribbler (2013, p. 41), as pessoas têm em si mesmas todos os recursos dos quais necessitam:

Imagens mentais, vozes interiores, sensações e sentimentos são os blocos básicos de construção de todos os nossos recursos mentais e físicos. Podemos usá-las para construir qualquer pensamento, sentimento ou habilidade que desejarmos, colocando-os depois nas nossas vidas onde quisermos ou mais precisarmos.

Os mapas mentais podem contribuir na formação do indivíduo em diferentes contextos, como no planejamento inicial de um projeto, na organização dos compromissos pessoais e profissionais, na administração de dado volume de informações, no gerenciamento da implantação de determinado processo ou sistema de informação, na condução de mudanças, entre outras ações (Fenner, 2017).

Porque um mapa mental estimula o cérebro a trabalhar com mais eficácia e rapidez, funciona como uma ferramenta que ajuda a organizar as ideias e a melhorar a concentração e a memória. Especialmente quanto à organização nos estudos, Fenner (2017, p. 4) destaca que os mapas mentais auxiliam na compreensão da leitura, por parte do aluno e do professor, ambos podem beneficiar-se desse recurso, tornando o aprendizado e o ensino mais fácil e intuitivo. "É muito comum um conteúdo complicado e de difícil assimilação passar a ser compreendido com facilidade ao ser traduzido na forma de mapa mental".

Buzan (2009, p. 11) relaciona os contextos em que os mapas mentais podem ser utilizados:

> Na escola: leitura, revisão de conteúdo, anotações, desenvolvimento de ideias criativas, gerenciamento de projetos, ensino. No trabalho: geração de ideias, gerenciamento de

tempo, elaboração de projeto, formação de equipes, apresentações. Em casa: estabelecimento de prioridades, planejamento de projetos e da vida, compras, gerenciamento de acontecimentos e da vida familiar. Na vida social: lembrança de datas importantes, recordação de pessoas e lugares, planejamento e atividades de lazer e eventos sociais, comunicação.

Andrés Ocaña (2010) indica que um mapa mental serve para ajudar o indivíduo a ter uma ideia clara do que sabe e do que não sabe a respeito de um tema ou de uma matéria determinada, assim como para identificar possíveis falhas ou conceitos mal assimilados ou confusos. Facilita o estudo e favorece a revisão do tema, ajudando a organizar os conceitos-chave, com ordenação de assuntos gerais no início e dos mais específicos na sequência.

Entre os benefícios trazidos pelo uso de mapas metais, Fenner (2017, p. 5) relaciona vantagens intelectuais:

- Estímulo à criatividade.
- Melhora da concentração, principalmente em situações onde for necessário desenvolver um determinado assunto (entrevista, palestra, reunião).
- Desenvolvimento da percepção de múltiplos aspectos para um determinado assunto ou situação.
- Evitar/Diminuir os momentos de devaneios (falta de concentração) no desenvolvimento de um assunto.
- Aumento do nível de captação e memorização (facilidade para lembrar o assunto tratado).

- Capacidade de organizar conhecimentos.
- Desenvolvimento da objetividade, pois como os mapas mentais aumentam a nossa capacidade de concentração, evitamos colocar informações que nada agreguem ao assunto em questão.
- Maior habilidade para sintetizar informações.

Complementando as habilidades intelectuais, Fenner (2017) lembra que a capacidade de organizar o conhecimento, atualmente, implica ter criticidade, considerando-se a quantidade de informações que são recebidas cotidianamente.

Conforme já referido, um mapa mental é importante em reuniões, apresentações e ações de gerenciamento, entre outras atividades, de modo que no contexto profissional podemos caracterizar essa ferramenta como o instrumento ideal de comunicação, administração e desenvolvimento eficiente de projetos profissionais, podendo ser também utilizada nas seções de *brainstorming*[1], com a vantagem de serem economizadas horas de trabalho destinadas à elaboração de relatórios escritos (Buzan, 2009).

Os mapas mentais beneficiam emocionalmente os indivíduos, como resultado do estímulo que o cérebro recebe com a elaboração dessa ferramenta, mediante a criação também de mecanismos para que o cérebro utilize melhor

• • • • •
1 Técnica utilizada para obter uma grande quantidade de ideias de um grupo de pessoas em pouco tempo (Rawlinson, 2017).

os próprios recursos. Exemplos de benefícios emocionais que podem ser obtidos com a utilização de mapas mentais incluem: "Redução do estresse causado por excesso de informações. Maior sensação de organização e controle. Estímulo à tranquilidade, à autoestima e à autoconfiança. Aumento do senso de capacidade. Desenvolvimento do processo criativo" (Fenner, 2017, p. 5).

Há ainda os benefícios materiais que, segundo Fenner (2017), aparecem com o registro de ideias de forma simples e intuitiva nos mapas mentais, com a possibilidade de reunir um volume significativo de informações em uma única página.

A produção de um mapa mental pode ser conduzida conforme os ensinamentos de Andrés Ocaña (2010): de início, devemos rejeitar a ideia de um esquema ou parágrafos com sentenças e pensar em termos de palavras-chave ou símbolos que representam ideias e palavras. Para esse processo, é necessária a utilização de seis lápis de cor e de uma folha de papel em branco.

Primeiramente, escrevemos a palavra ou frase mais importante no centro; encontramos outras palavras importantes fora do círculo; desenhamos ramos que saem como se fossem os de um tronco, partindo da ideia central (podemos pensar nos *links* nas páginas de um *site*); deixamos um espaço em branco para expandir o mapa em decorrência de desenvolvimentos subsequentes, explicações e interações entre itens (Andrés Ocaña, 2010).

A recomendação do autor é que o trabalho seja realizado de modo rápido, sem que analisemos o que está sendo produzido; depois, essa parte deve ser revisada e corrigida e devemos pensar sobre as relações entre itens externos e itens do centro, excluindo, substituindo ou encurtando as palavras para essas ideias-chave e reposicionando os itens importantes mais próximos uns dos outros para uma melhor organização; é importante utilizar sempre diferentes cores para organizar a informação. O trabalho deve ser continuado no exterior, retirando-se e/ou adicionando-se outras palavras e ideias-chave, de modo a combinar conceitos para expandir o mapa e quebrar limites. Depois, conforme indica Andrés Ocaña (2010), devemos parar e pensar sobre aquilo que está sendo desenvolvido e continuar a expandir o mapa mental ao longo do tempo, até o momento em que for necessário realizar um exame do que está sendo feito.

Podemos observar um esquema instrucional para a produção de mapa mental na Figura 5.1.

180 Mapas mentais

Figura 5.1 – Instruções para o mapa mental

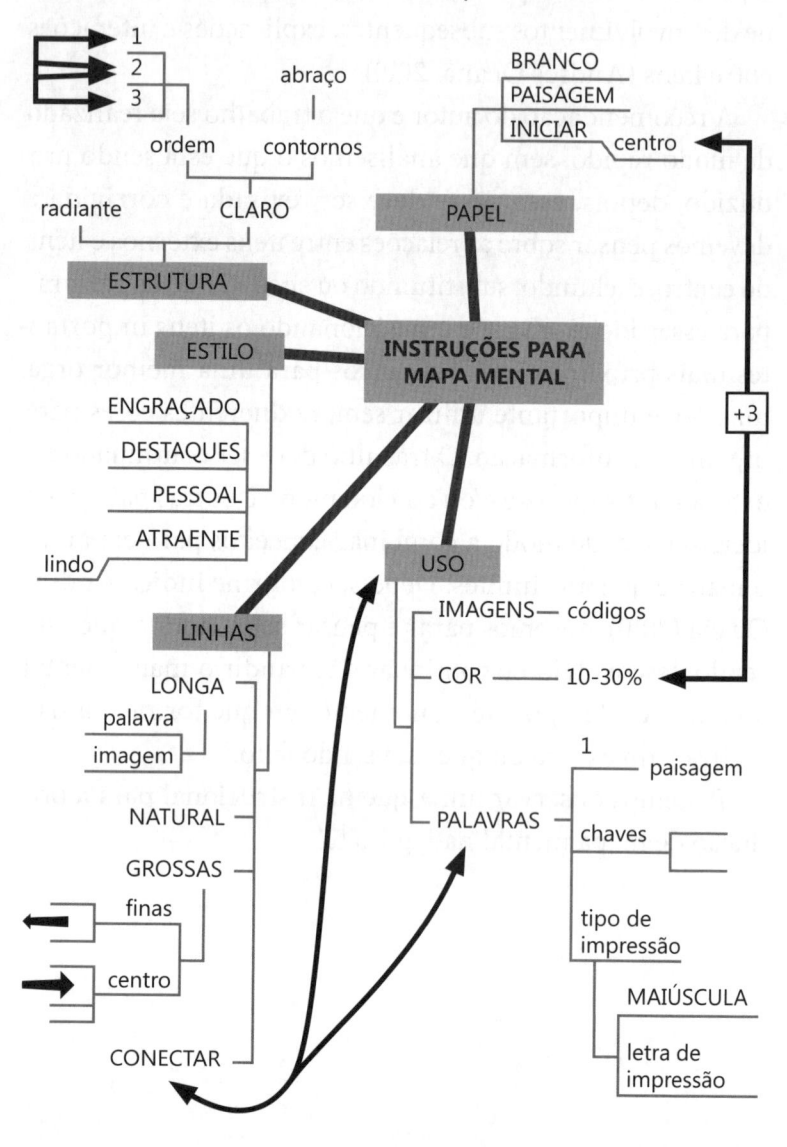

Fonte: Andrés Ocaña, 2010, p. 104, tradução nossa.

Lima (2010, p. 30), ao ensinar como construir um mapa mental, acrescenta que o indivíduo deve elaborar "ícones e desenhos simples, com rápida criação, fáceis e simples, mas que representem a imagem mental que [a pessoa] tem sobre cada parte do assunto".

O autor também indica que deve haver cuidado com o perfeccionismo e que é melhor que sejam elaborados vários mapas mentais, escritos com agilidade e sem muita riqueza de detalhes nos desenhos, do que poucos mapas muito bem desenhados, porque a velocidade ideal de elaboração do mapa mental é igual ou maior que a velocidade antiga de anotações do indivíduo (Lima, 2010).

5.2
O mapa de mundo do indivíduo

Marion (2017), ao afirmar que mapa não é território, sugere que cada *coachee* constrói o próprio mapa dentro si, com base na ação de desafio à visão presente da própria realidade ou do mapa da vida, que é, na verdade, a orientação de vida de cada pessoa.

Na opinião do autor, cada indivíduo herda o próprio mapa dos pais e/ou educadores. Assim,

> Muito de como nós interpretamos nossa própria realidade de vida foi transferido por como outros receberam ou interpretaram sua própria realidade. Todo mapa tem limites, regras de vida e significados que damos como guias determinantes.

Nosso mapa, contudo, é apenas uma perspectiva parcial do território da vida. O *coach* deve ajudar o coachee a ampliar sua visão e desafiar limites mentais sobre a realidade. (Marion, 2017, p. 40)

Um exemplo de mapa mental de mundo inclui as conexões que um indivíduo estabelece, ou seja, ele tem os mapas mentais que o influenciam de modo direto na forma de ver a realidade, com mais ênfase do que os próprios estímulos. "O efeito placebo é um exemplo clássico disso. Quando as pessoas sabem que acabaram de receber um analgésico, elas sentem uma redução intensa e sistemática da dor, apesar de, na realidade, terem recebido uma substância completamente inócua [...]" (Rock, 2006, p. 38, tradução nossa).

Em suas ações, o indivíduo precisa de aprendizagem, que pode ser definida "como um processo localizado nas sinapses, no espaço [...] no qual se produzem modificações estruturais, químicas e elétricas" (Andrés Ocaña, 2010, p. 49, tradução nossa).

Ontoria (2006, p. 28, tradução nossa) define a aprendizagem como "Um processo de experiências positivas e satisfatórias, no qual intervieram tambéma aquisição e a construção de conhecimentos. Aprender é a linha central da vida".

Relacionados ao mapa mental do mundo, no passado, os estudos de Buzan voltaram-se ao funcionamento do cérebro e como usá-lo. Ele percebeu que a combinação de várias habilidades permitia ao cérebro funcionar com maior eficácia na aprendizagem, de modo que os experimentos que realizou consigo e com outras pessoas deram lugar à configuração de uma nova estratégia para aprender (Ontoria, 2006).

Complementa Andrés Ocaña (2010, p. 49, tradução nossa), acerca do aprendizado pelo cérebro:

> O aprendizado é maximizado no córtex cerebral e, dentro dele, nas áreas mais altas do neocórtex e no neo-neocórtex. Dessa forma, a capacidade de aprender é preservada ao longo da vida, ou melhor, enquanto a deterioração o permite; é a isso, à capacidade de continuar aprendendo, que se denomina plasticidade. É o que faz que não só as funções se modifiquem durante a vida, mas que a estrutura do córtex cerebral seja dinâmica.
>
> [...]
>
> A memória de curto prazo ou a retenção consciente de uma informação durante um curto período de tempo baseia-se em mudanças efêmeras, elétricas ou moleculares, nas redes neurais envolvidas.
>
> Um diálogo, em definitivo, entre genes e sinapses, denominado de consolidação de memória. O resultado é o estabelecimento de uma memória de longo prazo baseada em mudanças estruturais persistentes, como as novas espinhas dendríticas.

Assim, o aprendizado é um processo de desenvolvimento de *insight* e de estruturas significativas, identificando-se com o conhecer, definido como a compreensão do significado, explicado quando existe uma dúvida se a aprendizagem foi compreendida plenamente. "A formação e o desenvolvimento da estrutura cognitiva dependem do modo como uma pessoa percebe os aspectos psicológicos do mundo pessoal, físico e social" (Ontoria et al., 1997, p. 14, tradução nossa).

As motivações são ínsitas à estrutura cognitiva, de maneira que a mudança em uma delas desencadeia a mudança na outra e isso ocorre por meio da aprendizagem, quando o sujeito compreende a situação e o significado que traz consigo (Ontoria et al., 1997).

Nesse contexto, Lima (2010, p. 91) destaca que "Ter uma boa memória não é um privilégio de poucos que nasceram com uma capacidade diferenciada. Você pode 'treinar' a sua memória, com exercícios simples e práticos, que elevarão imensamente a sua capacidade de aprender e lembrar em longo prazo".

O esforço inicial para que a pessoa aprenda a aplicar as técnicas de memorização é indispensável para tirar a teoria do papel e acelerar os resultados nas provas. Ao pretender aprender e aplicar essas técnicas de memorização, o indivíduo deve "transformar o uso das técnicas em um hábito de vida, aplicando-as em tudo que puder no seu dia a dia: nos estudos, trabalho, memorizando nomes de pessoas, listas de compras e afazeres da semana, números de telefones etc." (Lima, 2010, p. 91).

Desse modo, podemos inferir que mapas mentais são considerados uma técnica mnemônica multidimensional que utiliza as funções inerentes ao cérebro para gravar nele, de maneira mais efetiva, os dados e as informações. "Esse conceito de multidimensionalidade significa que o mapa mental permite criar uma imagem em várias dimensões, servindo-se da intenção de facilitar sua compreensão" (Ontoria, 2006, p. 57, tradução nossa).

As pessoas vivem dilemas, muitas vezes, complexos, mas que sempre apresentam uma forma de resolução. O coach deve ajudar a pessoa a ter um *insight* de si própria, quando ela consegue então identificar o dilema; em uma perspectiva neurocientífica, essa situação significa que o indivíduo tem vários mapas mentais em conflito (Rock, 2006).

Rock (2006) propõe um modelo de análise para a elaboração do mapa mental denominado *quatro faces do insight* (Figura 5.2).

Figura 5.2 – Quatro faces do *insight*

1. Consciência do dilema
2. Reflexão
3. Iluminação
4. Motivação

Fonte: Rock, 2006, p. 41, tradução nossa.

Após a tomada de **consciência**, o indivíduo passa à fase de **reflexão**, seu rosto muda e ele fica em silêncio, porque o cérebro está produzindo ondas banda alfa e, então, bloqueia os estímulos externos, passando a se concentrar em estímulos internos. "A produção de ondas alfa também está relacionada com a liberação do neurotransmissor serotonina, um mensageiro químico que aumenta o relaxamento e diminui a dor" (Rock, 2006, p. 42, tradução nossa).

Em termos práticos, para que o coach ajude a pessoa a ter *insights*, é preciso que ele a encoraje a refletir mais e pensar menos ou, no mínimo, menos logicamente (Rock, 2006).

Na fase da **iluminação**, ocorre um surto de energia, quando um novo conjunto de conexões é formado no cérebro, resultado da liberação de neurotransmissores, como a adrenalina e, provavelmente, a serotonina e a dopamina. Com a liberação de ondas banda gama, uma frequência encontrada em todas as partes do cérebro, "várias partes do cérebro estão formando um novo mapa. Quando temos uma experiência de iluminação, criamos um supermapa (a partir de outros mapas) que liga muitas partes do cérebro" (Rock, 2006, p. 43-44, tradução nossa).

Segundo Rock (2006), a **motivação** é manifestada quando a pessoa tem uma visão, uma ideia, isto é, ela já está visualizando à frente. No momento do *insight*, o indivíduo sente-se pronto para a ação como consequência de um estado motivacional que o acomete naquele momento; porém, depois de passado pouco tempo, ele já pode ter se esquecido da ideia. Assim, o ideal é "executar ações tangíveis enquanto o *insight* ainda está próximo; mesmo que seja comprometer-se em fazer algo depois, isso será uma ajuda importante para assegurar que novas ideias se tornem realidade" (Rock, 2006, p. 43, tradução nossa).

Entre os milhares de pensamentos que passam pela cabeça dos seres humanos durante um dia, torna-se necessário que sejam capturados os mais importantes, mediante a aplicação da atenção. As pessoas mudarão quando chegarem a uma ideia por elas mesmas, quando derem ao cérebro a chance de ser energizado pela criação de um novo mapa mental (Rock, 2006).

5.3
Mudança de pensamento

Para Marion (2017), os princípios da programação neurolinguística (PNL) evidenciam que a mente e o corpo fazem parte do mesmo sistema, de modo que aquilo que o indivíduo pensa afeta sua fisiologia e, da mesma forma, processos fisiológicos afetam a qualidade de seus pensamentos

> Se alguém busca mudança em sua vida, deverá mudar sua mente primeiro. A mente é uma ferramenta muito particular e poderosa. Com ela podemos nos transportar para o passado ou ainda nos projetar num futuro imaginado. Mas a mente não atua só no passado e futuro, ela também molda nosso presente. (Marion, 2017, p. 198)

Sendo os sentimentos o produto do foco dos pensamentos humanos, é importante considerar a preocupação registrada por Cury (2014, p. 10), que assim questiona: "Qual é o mal do século? A depressão? [...] a Síndrome do Pensamento Acelerado (SPA) provavelmente atinge mais de 80% dos indivíduos de todas as idades, de alunos a professores, de intelectuais a iletrados, de médicos a pacientes".

Cury (2014, p. 9) explica a SPA, com a seguinte interpretação:

> Este livro fala do mal do século. Muitos pensam que o mal do século é a depressão, mas aqui apresento outro mal, talvez mais grave, mas menos perceptível: a ansiedade decorrente da Síndrome do Pensamento Acelerado (SPA). Pensar é bom, pensar com lucidez é ótimo, porém pensar demais é uma bomba contra a saúde psíquica, o prazer de viver e a criatividade. Não são apenas as drogas psicotrópicas que viciam, mas também o excesso de informação, de trabalho intelectual, de atividades, de preocupação, de uso de celular. Você vive esses excessos? Todos eles levam a mente humana ao mais penetrante de todos os vícios: o vício em pensar. Muitos entre os melhores profissionais padecem desse mal; são ótimos para sua empresa, mas carrascos de si mesmos. Desacelerar nossos pensamentos e aprender a gerir nossa mente são tarefas fundamentais.

Ou seja, é preciso que cada indivíduo identifique as próprias crenças, mediante a observação dos pensamentos automáticos, aqueles que passam muito rapidamente pela mente sem que sobre eles seja realizada uma análise racional cuidadosa. Essas crenças vêm associadas a reações carregadas de emoção, pois é comum que as crenças limitantes se manifestem nos momentos de tensão emocional: "São as nossas reações estressantes e ansiógenas que sinalizam para a ocorrência de crenças que são reveladas a partir de nossas atitudes" (Barros, 2015).

Marion (2017, p. 198) sugere a reedição de crenças, afirmando que aquilo que o indivíduo tiver aprendido em sua vida até o momento em que ingressa no processo de coaching terá sido utilizando o sistema visual, auditivo e sinestésico. Assim, por meio desse sistema, as crenças se formaram na mente inconsciente e aquilo que a pessoa aprendeu será usado na condução da "reedição de crenças" (p. 198).

Para esse procedimento de reedição de crenças, uma das propostas é o **processo VAS** (Visual, Auditivo, Sinestésico), que utiliza a visão, a audição e as sensações, todas elas reais ou imaginadas. O processo VAS inicia com a **psicogeografia**, que é a preparação de um ambiente adequado às condições necessárias para a concentração e o relaxamento do coachee, que tenha espaço, privacidade, isolamento auditivo e isolamento individual. Depois vem a etapa da **respiração**, com o objetivo de acentuar a concentração ou o transe:

> Transes são estados mentais estimulados. Sua origem é científica, e foi muito utilizado em uma fase da medicina na qual não estavam desenvolvidos agentes de anestesia para o processo cirúrgico. Promovem um alto nível de autoconsciência e um estado mental mais aberto a sugestões. Esse processo é conduzido por um estado de relaxamento físico e mental. (Marion, 2017, p. 201)

A etapa da **orientação** implica oferecer informações importantes com relação à condução do exercício, para obter o melhor aproveitamento do coaching, na aplicação do VAS. A etapa final compreende a **emoção**, que "Consiste em ativar um estado de recurso interno, um padrão químico que marque a experiência imaginada como real" (Marion, 2017, p. 203).

Outra orientação para a correção de crenças limitantes é dada por Barros (2015), que aponta como passo inicial a identificação das crenças que atuam por meio de pensamentos e ações carregados de emoção. Em seguida, o procedimento.consiste na desconstrução de conceitos equivocados que norteiam tais crenças, para possibilitar que parâmetros funcionais sejam construídos. Nesse sentido, deve ocorrer a desconstrução de determinadas crenças ou concepções, conferindo a elas um melhor entendimento, para que possam ser substituídas por outra de valor semelhante.

Gomes (2017, p. 115) salienta que o gerenciamento das emoções constitui "A capacidade de controlar as próprias emoções, de agir com confiabilidade, ter consciência e adaptabilidade". O autor indica que pais coaches podem administrar as próprias emoções quando educarem os filhos, ajudando-os a compreender melhor o que pode interferir nas reações destes diante de um problema, atribuindo a esses pais postura de gestão e regulamento comportamental.

Devemos lembrar que o coaching é interpretado como um processo destinado ao desenvolvimento humano, de modo integral e multidimensional, que busca atingir as metas e os objetivos considerados tangíveis e determinados previamente nas sessões do processo. Desse modo, o ser humano é visto de forma integral pelo coaching multidimensional (Lynch, 2015).

Por abranger essa visão, compete ao coaching, em seu processo, o cumprimento da missão essencial de gerar alavancagem, movimento e ação em cada indivíduo consigo mesmo, além de estimular essa conexão de maneira significativa, primando pelas competências e potencialidades da pessoa, com a finalidade precípua de obter como resultado o melhor de cada um (Lynch, 2015).

Essas ações requerem mudanças pessoais internas e externas e, para que seja possível realizar a mudança de pensamento, é necessário o autoconhecimento. Vejamos um esquema do ser integral na Figura 5.3, que sintetiza o autoconhecimento.

Figura 5.3 – Resumo esquemático do ser integral no processo de coaching

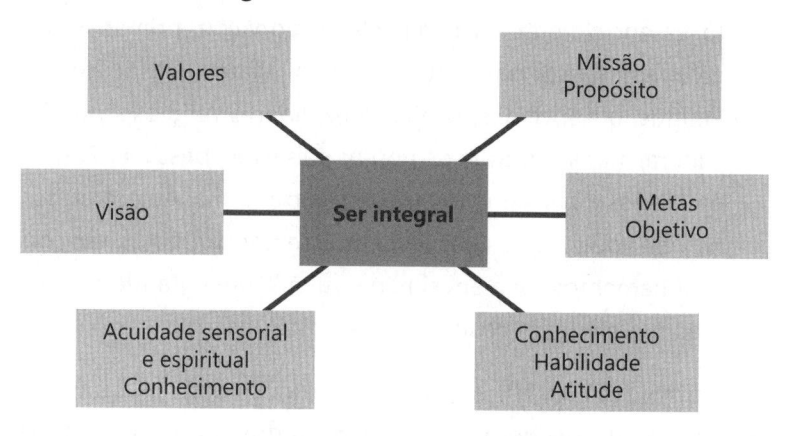

```
        Valores              Missão
                             Propósito

Visão         Ser integral         Metas
                                   Objetivo

Acuidade sensorial          Conhecimento
e espiritual                Habilidade
Conhecimento                Atitude
```

Fonte: Zaib; Gribbler, 2013, p. 79.

Entre os elementos que formam o ser integral em coaching, destaca-se a acuidade sensorial e espiritual, havendo diferentes abordagens teóricas que tratam da percepção. Lynch (2015) indica que a percepção sensorial representa a interpretação do ambiente no entorno do indivíduo, que se utiliza dos sentidos como condutores para perceber o que se encontra ao redor.

Mediante a combinação dos sentidos, criam-se experiências com mais intensidade, o que possibilita o aprendizado pelo indivíduo. Desse modo, com uma melhor compreensão da própria percepção, o indivíduo é capaz de realizar interações mais positivas com o ambiente exterior a ele, aprendendo, adaptando e melhorando a maneira de ver as coisas que já conhece, o que explica a necessidade de sair do condicionamento mental (Lynch, 2015).

Marion (2017, p. 190) descreve o que denomina de *condicionamento mental*:

> Nossa programação ou condicionamento metal, portanto, foi essencialmente formada pelas informações primárias que recebemos, especialmente em nossa infância. Desde irmãos, amigos, autoridades, professores, líderes religiosos, mídia, cultura, mas sobretudo de nossos pais e responsáveis. Fomos ensinados a pensar e agir de uma certa forma. Ao entrarmos na vida adulta, esses ensinamentos se transformarão em condicionamentos. Isso em si não é ruim. É uma grande oportunidade de educar positivamente nossas crianças.

Cury (2014, p. 10) expõe as condições com as quais os jovens, de modo geral, foram ensinados, apresentando o que chama de *janelas killer*[2], que contêm ciúme, timidez, fobias, insegurança e sentimento de incapacidade, sendo que o volume de tensão possibilita o bloqueio de outras janelas, impedindo que o eu da pessoa acesse dados e dê respostas inteligentes. Conforme Cury (2010, p. 10), "ao longo da história, muitos gênios foram tratados como 'deficientes mentais'

-----
2 Registros de memória criados no córtex frontal do cérebro que podem aprisionar ou libertar o indivíduo por toda a vida. As janelas *killer* são aquelas criadas por memórias ruins e traumatizantes, que normalmente dominam os pensamentos humanos.

por professores que nunca estudaram a teoria das janelas da memória e as armadilhas das zonas *killer* nos bastidores da mente".

Nessa programação dos primeiros anos de vida, além da educação formal e do grau de escolaridade a que cada indivíduo teve acesso, antes de tudo as pessoas foram expostas a diversas realidades nas quais viveram seu cotidiano, o que inclui os exemplos de vida modelados, as palavras, os padrões de comunicação e as conversas ouvidas dos adultos, associadas às sensações emocionais experimentadas como resultado do ambiente, dos relacionamentos e dos eventos que marcaram essa fase da vida. "Ali, foram formados nossos valores e condicionamentos mais profundos, foi modelado o significado de cada aspecto de nossas vidas e tudo o que sabemos e pensamos sobre viver, sobre homens, mulheres, trabalho, dinheiro, diversão, sucesso, amor, casamento e fé" (Marion, 2017, p. 190).

Sendo o processo de coaching um desenvolvedor do potencial humano voltado para a ação, é preciso que o indivíduo identifique os sistemas de crenças a fim de poder modificar as atitudes relacionadas com fatores que impedem a realização de projetos, sonhos e objetivos.

Barros (2015) propõe que as pessoas passem das crenças bloqueadoras para as crenças funcionais positivas como uma estratégia para a obtenção de sucesso nas metas pessoais. Uma mudança nas crenças repercute na consequente mudança de ações e reações dos indivíduos, rumo ao autoconhecimento e ao crescimento, libertos de antigas restrições.

O processo de autoconhecimento e conhecimento interior tem origem no reconhecimento das crenças carregadas desde a infância, e esse processo permite que a pessoa cresça em relação aos objetivos profissionais. Assim, com o coaching, podemos conquistar um desenvolvimento maior, porque não nos encontramos mais vinculados às crenças que limitam nosso potencial de atuação plena, liberando-nos da zona de conforto que retrai a capacidade de realização de cada indivíduo (Barros, 2015).

Desse modo, devemos ter em mente que o indivíduo precisa aprender a trabalhar com as razões e com as emoções de forma equilibrada, compreendendo que as razões se relacionam com o conhecimento, enquanto as emoções se relacionam com o afeto, ou ainda, as razões dizem respeito à administração, e as emoções, à liderança, consolidando-se uma linha mútua bilateral (Barros, 2015).

Marion (2017, p. 203) sugere a realização de exercícios emocionais, que devem ser aplicados durante as sessões de coaching: "No ciclo de coaching, o estágio emocional é observado como última etapa para a viabilização de recursos emocionais que amplifiquem a capacidade de concretização de alvos e resultados pretendidos".

Esses exercícios emocionais são condição indispensável no processo de coaching, devendo ser utilizados sempre que for necessária a ativação de recursos emocionais importantes para o progresso do coachee, observando-se que o combustível emocional inibe o comprometimento com os novos passos dados (Marion, 2017).

5.4
Em busca de resultados extraordinários

Segundo Keller e Papasan (2014), existe uma conexão sem contestação entre aquilo que o indivíduo faz e o que ele ganha. As ações determinam os resultados, e os resultados informam ações.

Rock (2006) reafirma o que os neurocientistas têm dito ao longo da última década e que todos as pessoas sabem muito bem: mudar é mais difícil do que se imagina. Conforme o autor, "a mudança exige mais do que um pensamento; ela requer atenção constante e um empenho significativo da força de vontade" (Rock, 2006, p. 34, tradução nossa).

Em entrevista, Jeffrey Schwartz explica a razão da dificuldade de o homem modificar-se:

> No nível dos neurônios individuais, os cérebros são programados para detectar mudanças no ambiente e enviar sinais intensos para nos alertar sobre qualquer coisa fora do comum. Sinais de detecção de erros são gerados por uma parte do cérebro chamada córtex orbital (localizado logo atrás dos olhos, ou órbitas), que é conectado ao circuito cerebral do medo, numa estrutura chamada amídala. Essas duas áreas competem pelos recursos do cérebro e os direcionam para longe da região pré-frontal, que é responsável por promover e dar suporte às funções mais intelectuais. Isso nos faz agir de forma mais emocional e impulsiva: nossos instintos animais começam a tomar conta. Quando nossa estrutura de detecção

de erros entra em superatividade, temos o problema conhecido por Transtorno Obsessivo-Compulsivo (TOC). Nesse caso, nosso cérebro envia constantemente mensagens incorretas de que algo está errado e por isso ficamos tentando consertá-lo. (Schwartz, citado por Rock, 2006, p. 35, tradução nossa)

Afirmando que não existem erros, mas apenas resultados, Marion (2017) comenta a dificuldade de o indivíduo atuar em uma sociedade que se mostra intolerante a erros, baseada em uma cultura perfeccionista que coloca nos indivíduos sentimento de rejeição a erros ou fracassos, ou seja, que propõe a criação de uma geração com fobia a erros. "Qual o resultado? As pessoas não agem, pois têm medo de fracassar ou falhar. É preferível nem tentar e evitar as frustrações, gerando um tipo de paralisia" (Marion, 2017, p. 40).

A compreensão do erro é citada como uma forma de superação do medo, uma significação conferida à escolha que produziu determinado resultado, pois

> Resultados são fruto de escolhas que fazemos. Se não quero mais certo tipo de resultado, preciso fazer novas escolhas. Isso anula o efeito punitivo do erro e o recondiciona de maneira pedagógica, como parte de um processo de crescimento e aprendizado. Diante da inação movida pelo medo de falhar, desafie seu coachee: "se tivesse convicto de que na vida não existe fracasso, apenas feedback e resultados, o que faria de novo hoje?". (Marion, 2017, p. 41)

Em sua maioria, a literatura sobre coaching indica-o como um processo que conduz a resultados extraordinários. Vejamos algumas dessas observações:

"O *coaching* vai ajudá-lo com três compromissos a serem firmados com a ÚNICA coisa. No caminho em direção à maestria, na jornada de "E" [empreendedor] para "P" [propositall], e ao viver o ciclo da responsabilização, um coach é inestimável. Na verdade, seria difícil encontrar empreendedores de elite que não tivessem esse tipo de profissional ajudando-os nas áreas-chaves de suas vidas" (Keller; Papasan, 2014, p. 146).

"Quer alcançar excelentes resultados em sua vida, compreender a si mesmo, adicionar novos recursos, saber exatamente o que lhe faz bem, passando pelos processos de aprendizado, compreensão e aceitação? Busque um coach!! Por quê? Porque coaching é a solução!!" (Farias, 2013, p. 64).

"O coaching em si traz resultados extraordinários. Coaching é resultados. Os benefícios do coaching estão cada vez mais presentes em nossa realidade atual" (Soares, 2013, p. 81).

"O coaching ontológico opera sobre sua experiência, e não sobre seus conceitos" (Pinotti et al., 2005, p. 10, tradução nossa).

"Há coaching organizacional quando uma empresa contrata um ou mais coaches para trabalhar com pessoas e equipes, tendo em vista facilitar mudanças no contexto cultural da organização para atingir resultados acima do esperado ('extraordinários'). Compreende-se, por conseguinte, que o *corporate* coaching implica a prática de coaching individual. Mas vai mais além – e produz alterações no contexto do qual podem então decorrer consequências para o coaching contextual" (Rego, 2007, p. 365).

"Por último, na definição de coaching proposta, fala-se da consecução de resultados extraordinários. Para conseguir

> resultados previsíveis, resultados ordinários, simples melhoras marginais, não tem sentido contratar um coach. As melhoras incrementais são facilmente alcançadas aumentando o esforço ou a dedicação que foram colocados. O que o coaching traz aos indivíduos é a possibilidade de melhorar radicalmente seus resultados seja em termos de quantidade, seja de velocidade. Esse tipo de mudança radical em rendimento nunca é o resultado de fazer mais do mesmo, mas implica prestar cuidadosa atenção ao nosso interior para mudar substancialmente nossa forma de fazer e estar no mundo" (Puiggarí, 2006, p. 9, tradução nossa).
>
> "Se você está pensando em desenvolver sua carreira como *coach*, o *coaching* coativo irá transformá-lo em um *coach* cheio de vivacidade, conectado com seu cliente, autêntico e corajoso, capaz de despertar em seu cliente que é possível ir além de onde está neste momento. O *coaching* coativo proporcionará ferramentas que lhe permitirão alcançar resultados extraordinários de maneira efetiva" (Kimsey-House, 2015, p. 11).

O contexto e as indicações de aplicação do coaching, segundo Costa (2011), apontam a recomendação de diversas ações, sendo uma delas o planejamento para o futuro, que compreende a aposentadoria, a sucessão ou a promoção na empresa. Outras oportunidades são o desenvolvimento, com o treinamento de novas habilidades e competências, e a projeção interna – o coach treinará o coachee para o desenvolvimento dessas habilidades e auxiliará no processo de esclarecimento das etapas a serem seguidas. Por fim, no processo de coaching, há a oportunidade de transição, que compreende uma mudança no emprego, no cargo ou na atividade desempenhada, sabendo-se que uma transição bem conduzida pode trazer resultados extraordinários. A questão-chave é investigar se os resultados que o indivíduo está obtendo em sua vida são satisfatórios e atendem a todas as necessidades dele. Se houver uma resposta positiva, então ele não precisa de coaching ou *mentoring*.

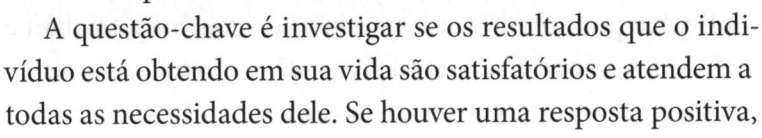

Mas agora, caso você tenha desafios a serem encarados, esteja passando por um processo de mudança em sua vida pessoal ou profissional, deseja ter um resultado diferente do que obteve até aqui, ou sente que as coisas estão bem, mas poderiam estar melhores em algum ou mais áreas de sua vida, você encontrará nesses processos as ferramentas necessárias que o apoiarão na conquista de suas vitórias. (Ferreira, 2013, p. 104)

Com o coaching, o coachee torna-se competente no enfrentamento de desafios, ampliando as próprias oportunidades para obter os resultados que procura. Com esse processo, o coachee "Irá desenvolver comportamentos e atitudes positivas, terá mais autoconfiança, autoestima e autoconhecimento. Para isso, deve estar receptivo a novas ideias e uma mudança de paradigma" (Ferreira, 2013, p. 104).

Síntese

Neste capítulo, apresentamos o conceito e o uso dos mapas mentais no âmbito do coaching e para a formação do indivíduo, descrevendo o processo de construção dessa ferramenta.

Abordamos o mapa do mundo, o qual contempla a compreensão de si próprio e a ação da estrutura cognitiva para a motivação ao desenvolvimento pessoal.

Além disso, tratamos da mudança de pensamento, um tema importante em razão da velocidade do alcance das informações em contexto global, buscando esclarecer como o indivíduo pode modificar-se por meio do coaching, mediante o redirecionamento das crenças e a desconstrução de pensamentos e de concepções equivocadas.

Para o fechamento do capítulo, destacamos a busca de resultados extraordinários sob o ponto de vista de que os resultados são obtidos mediante ações realizadas, as quais são explicadas pela neurociência em relação ao desenvolvimento do potencial humano.

Atividades de autoavaliação

1. Os mapas mentais apresentam algumas particularidades, entre as quais se destacam as seguintes:
    I) O mapa mental é uma ferramenta dinâmica e estimulante que contribui para que a pessoa se localize no tempo e no espaço.
    II) O mapa mental ajuda na aprendizagem do coachee e reflete as ideias principais do coach.
    III) Os mapas mentais ajudam na compreensão da leitura, por parte do aluno e do professor; ambos podem beneficiar-se desse recurso, tornando o aprendizado e o ensino mais fácil e intuitivo.
    IV) Os mapas mentais devem primar pelo perfeccionismo, sendo necessário que sejam elaborados vários mapas mentais, escritos com agilidade e com detalhes importantes nos desenhos.

V) Os mapas mentais servem para ajudar o indivíduo a ter uma ideia clara do que sabe e do que não sabe acerca de um tema ou de uma matéria determinada.

Agora, assinale a alternativa correta:

a) Somente a afirmativa III está correta.
b) Estão corretas as afirmativas I e II.
c) As afirmativas I e V estão corretas.
d) Estão corretas as afirmativas III e V.
e) Apenas as afirmativas IV e V estão corretas.

2. Quanto aos mapas de mundo, analise as afirmativas a seguir:

I) Cada indivíduo herda o próprio mapa dos pais e/ou educadores.

II) A combinação de várias habilidades permite ao cérebro funcionar com maior eficácia na aprendizagem.

III) O indivíduo deverá transformar o uso das técnicas em um hábito de vida, para entender os próprios dilemas.

IV) A elaboração do mapa mental segue quatro etapas: abordagem, reflexão, iluminação e motivação.

V) Para que o coach ajude a pessoa a ter *insights*, é preciso que ele a encoraje a refletir mais e pensar menos ou, no mínimo, menos logicamente.

Agora, assinale a alternativa correta:

a) Estão corretas as afirmativas I e III.
b) Somente a afirmativa III está correta.
c) Apenas as afirmativas I, II e V estão corretas.
d) As afirmativas I e IV estão corretas.
e) Estão corretas as afirmativas II e V.

3. Sobre a mudança de pensamento, verifique as afirmativas a seguir:

I) A Síndrome do Pensamento Acelerado (SPA) consiste na mudança de pensamento.

II) A mente atua no passado e no futuro e molda o presente.

III) Desacelerar os pensamentos e aprender a gerir a mente são tarefas fundamentais.

IV) O processo VAS utiliza a visão, a audição e as sensações, todas elas reais ou imaginadas.

V) O coaching, em seu processo, deve gerar alavancagem, movimento e ação em cada indivíduo em relação à coletividade.

Agora, assinale a alternativa correta:

a) As afirmativas II, III e IV estão corretas.
b) Estão corretas as afirmativas I e IV.
c) Estão corretas as afirmativas II e III.
d) Apenas as afirmativas I e V estão corretas.
e) Somente a afirmativa I está correta.

4. Sobre o coaching, verifique as afirmativas a seguir:
   I) Por ser multidimensional, o coaching enxerga o ser humano de forma integral em suas dimensões intelectuais.
   II) A acuidade sensorial e espiritual serve como linha de percepção para tudo à nossa volta.
   III) Ao longo da história, muitos gênios foram tratados como "deficientes mentais" por professores que nunca estudaram a teoria das janelas da memória e as armadilhas das zonas *killer* nos bastidores da mente.
   IV) Deve-se aprender a trabalhar com as razões e com as emoções de forma equilibrada, compreendendo que as razões se relacionam com o conhecimento, enquanto as emoções se relacionam com o afeto.
   V) Devem ser aplicados exercícios emocionais durante as sessões de coaching.

   Agora, assinale a alternativa correta:

   a) Somente a afirmativa II está correta.
   b) Estão corretas as afirmativas III, IV e V.
   c) Estão corretas as afirmativas I e V.
   d) Apenas as afirmativas III e IV estão corretas.
   e) As afirmativas II e IV estão corretas.

5. Verifique as seguintes afirmativas:
   I) A compreensão do erro é citada como uma forma de superação do medo.
   II) As pessoas não agem, pois têm medo de serem avaliadas.

III) O processo de coaching é recomendado para situações de planejamento e de obtenção de resultados.

IV) É preciso investigar se os resultados que o indivíduo obtém já foram obtidos pelos colegas.

V) O cérebro humano envia constantemente mensagens incorretas de que algo está errado e por isso ficamos tentando consertá-lo.

Agora, assinale a alternativa correta:

a) As afirmativas I e V estão corretas.
b) Apenas as afirmativas III e V estão corretas.
c) Somente a afirmativa II está correta.
d) Estão corretas as afirmativas I, III e IV.
e) Estão corretas as afirmativas II e IV.

Atividades de aprendizagem

Questões para reflexão

"Se alguém busca mudança em sua vida, deverá mudar sua mente primeiro. A mente é uma ferramenta muito particular e poderosa" (Marion, 2017, p. 198).

1. Você pode iniciar um processo de mudança com base no autoconhecimento, quanto à sua capacidade de conhecer-se de modo detalhado e de aceitar que as novidades com as quais se depara sejam inseridas em um jeito novo de pensar. Para uma prática de mudança do pensamento, é preciso primeiro refletir: Por que você deve modificar seu pensamento? As respostas que conseguir elencar serão

as responsáveis por motivar um processo de mudança efetiva.

2. Analise em que etapa do caminho você se encontra no processo de coaching, considerando do ponto inicial ao ponto final. Atribua um critério de autoavaliação a cada avanço que tenha feito na aprendizagem com base no coaching.

Atividade aplicada: prática

1. Leia o livro *Ansiedade: como enfrentar o mal do século*, de Augusto Cury. Na leitura, busque descobrir em si se seu Eu é livre ou dominado em sua mente. Também investigue se os sentimentos que compõem as janelas *killer*, descritas na obra de Cury, estão presentes em sua vida.

CURY, A. **Ansiedade**: como enfrentar o mal do século. São Paulo: Saraiva, 2014.

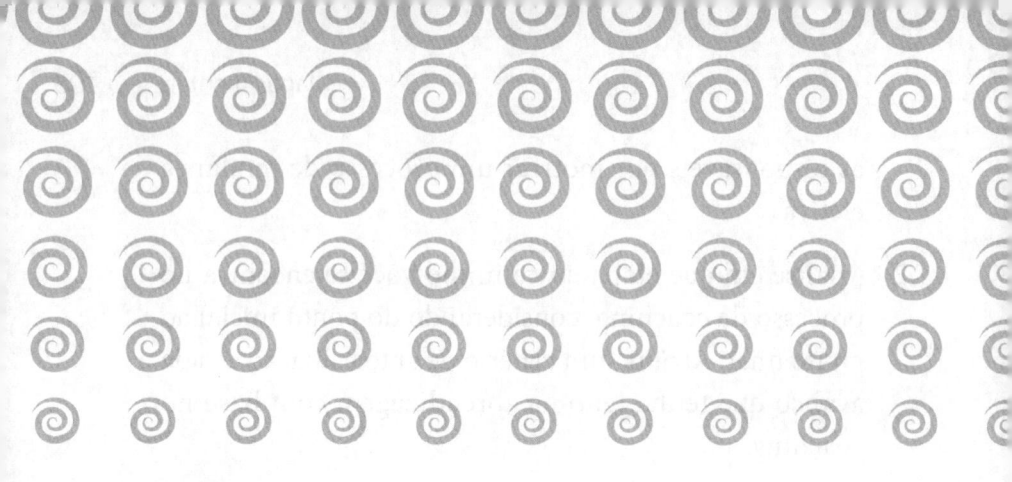

6
Programação neurolinguística e coaching ontológico

Neste capítulo, trataremos da programação neurolinguística (PNL) e do coaching, com o objetivo de indicar novas possibilidades e promover a ampliação de conhecimentos.

O tema deste capítulo diz respeito ao domínio cognitivo e busca enfocar a relação mantida entre a PNL e o coaching, bem como abordar a dialogia na comunicação assertiva, a inteligência e a plasticidade.

6.1
Programação neurolinguística

Iniciamos esta seção destacando que todas as pessoas nascem com a mesma base neurológica e que as ações realizadas no cotidiano dependem da forma como o sistema nervoso é controlado pelo indivíduo. O elemento *neuro-* faz referência ao sistema neurológico, sujeito aos processos de raciocínio que o ativam, afetando a fisiologia, as emoções e o comportamento (Ready; Burton, 2009).

A PNL é assim definida:

- *Programação* indica como podemos planejar e modificar ou reprogramar nossos pensamentos, sentimentos e comportamentos.
- *Neuro* refere-se aos processos neurológicos dos sentidos que usamos para processar o pensamento e experimentar o mundo exterior.
- E, por último, *linguística* faz alusão à comunicação com nossos semelhantes e à forma como processamos nossos pensamentos. (Dobrinsky, 2011, p. 1, grifo do original, tradução nossa)

Segundo McDermott (1997, p. 12), a PNL é "O estudo da estrutura da experiência subjetiva – como criamos nosso mundo interno único [...]". O autor define a neurologia como a ligação exercida entre corpo e mente, pelo sistema nervoso; quanto à linguística, destaca a influência de uns sobre os outros e sobre si mesmos por meio da linguagem; a programação, por fim, diz respeito às sequências de pensamento e de comportamento, ao modo como agem as pessoas para atingir seus objetivos e às consequências derivadas dessas ações, focalizando, especialmente, a escolha e as habilidades individuais (McDermott, 1997).

Dobrinsky (2011, p. 1-2) apresenta várias definições de PNL, as quais estão sintetizadas a seguir.

Síntese de definições de PNL
- É um modelo sobre a estrutura que tem nossa experiência subjetiva e como essa experiência influencia nossa comunicação e nosso comportamento em geral.
- É uma bateria de ferramentas para alcançar objetivos e melhorar a qualidade de vida.
- É a possibilidade de conhecer nossos processos internos e seus filtros e de atuar sobre eles para modificá-los, utilizando técnicas simples e específicas.
- É um ramo da psicologia que proporciona técnicas específicas para gerar novas rotas mentais e, com isso, obter resultados de excelência.
- É uma metodologia que ajuda as pessoas a se desenvolverem melhor em tudo o que fazem.
- É um enfoque holístico e sistêmico que permite compreender a fundo a efetividade pessoal e organizativa.
- É uma ajuda para que os indivíduos possam ser mais competentes naquilo que fazem.
- É um *software* cerebral que permite ter uma vida mais plena.
- É um sistema que permite operar com marcos mentais que possibilitam a mudança e o crescimento.
- É um modelo para compreender e superar obstáculos.

- É uma "invenção de positividade" que facilita que as pessoas tenham maior controle sobre seus pensamentos, sentimentos e ações e, com isso, possam dirigir sua existência de acordo com seus desejos.
- É uma disciplina moderna e eminentemente prática que se ocupa de melhorar os processos de comunicação humana, por meio de ferramentas de observação e ação que permitem penetrar profundamente na nossa estrutura comunicacional e na de nossos interlocutores.
- É um guia para a mente.
- É um manual instrutivo para o uso estruturado da criatividade.
- É um compilado de formas práticas baseadas em diferentes enfoques que, combinadas entre si, oferecem ideias e permitem desenvolver habilidades para aperfeiçoar a conduta e melhorar a qualidade de vida.
- É uma gama de técnicas simples, concretas e específicas que oferecem a possibilidade de conhecer processos internos e de modificar formas de pensar, sentir e agir.
- É um modelo de comunicação efetiva que pode ser aplicado a múltiplos campos do saber e fazer humano: empresarial, educativo etc.
- É, em síntese, a ciência e a arte da realização do ser humano.

Fonte: Dobrinsky, 2011, p. 1-2, tradução nossa.

Conforme Baker e Forner (2004, p. 27, tradução nossa), a PNL consiste na "Arte e ciência da excelência pessoal". Na PNL, cada indivíduo transfere o jeito particular, pessoal e de estilo àquilo que está fazendo.

Na compreensão da PLN como ciência, afirmam Baker e Forner (2004, p. 27, tradução nossa) que se trata de "uma técnica, um método e um processo para descobrir os modelos empregados pelos indivíduos excelentes em um campo para obter resultados extraordinários".

Desse modo, descobertas, modelos, habilidades e técnicas são utilizados com maior intensidade no âmbito dos negócios, especialmente, segundo Baker e Forner (2004, p. 27), "na assessoria profissional, na educação e na consultoria pessoal [...] com o objetivo de obter uma comunicação mais eficaz, obter um desenvolvimento pessoal mais amplo e acelerar o processo de aprendizagem".

Ready e Burton (2009, p. 12) também propõem definições para a PNL, entre as quais:

> A arte e ciência da comunicação. A chave da aprendizagem. É sobre relacionar-se com os outros. É o caminho para alcançar os resultados que você almeja em todas as áreas da sua vida. Influenciar os outros com honestidade. Um manual para o seu cérebro. O segredo das pessoas de sucesso. O caminho para criar seu próprio futuro. A PNL ajuda as pessoas a entenderem sua realidade. O kit de ferramentas para a mudança pessoal e organizacional.

D'Addario (2016) entende a PNL como o estudo da experiência humana subjetiva, o modo como o homem organiza o que percebe, bem como a análise e a filtragem que realiza do mundo exterior por meio dos sentidos. O mais importante nessas ações é a exploração concernente à transmissão da representação do mundo do indivíduo, utilizando-se da linguagem.

Para o alcance de uma transição do estado atual para aquele desejado pela pessoa, a PNL leva em conta três elementos: "Você (sua própria situação e disposição), as outras pessoas (aquelas com as quais você se relaciona) e a flexibilidade (a possibilidade de modificar o que está fazendo com o propósito de ser mais efetivo" (Harris, 2004, p. 22-23, tradução nossa).

Quanto à sua origem, a PNL desenvolveu-se na década de 1970, tendo como fundamento a modelagem, cuja função é descobrir como o homem faz aquilo que faz e modela a excelência em diferentes áreas, incluindo saúde, esportes, comunicação, ensino e aprendizagem, negócios e liderança, objetivando que essas habilidades possam ser ensinadas a outras pessoas e considerando que modela pessoas reais, com o objetivo de que todos alcancem a excelência (McDermott, 1997).

Conforme Ready e Burton (2009), o surgimento da PNL se deu na Universidade de Santa Cruz, na Califórnia, quando um estudante de ciências da computação e matemática, Richard Bandler, juntou-se a um professor de linguística, Dr. John Grinder, para estudar pessoas que foram consideradas comunicadores de excelência e agentes de mudança: "Eles ficaram fascinados pela maneira como algumas pessoas criavam condições para atravessar dificuldades em lugares onde outras, por infelicidade, falharam em realizar" (Ready; Burton, 2009, p. 11).

Os fundadores da PNL contribuíram para torná-la um campo de estudo próprio, o qual tem um duplo aspecto: codificação, ampliação e extensão dos conceitos que já existiam para o desenvolvimento de um prático e útil instrumento experimental; e o impulso da modelagem, cuja função consiste em duplicar a eficácia de uma dada atuação (Harris, 2004).

A gênese da PNL, portanto, é atribuída ao ambiente terapêutico e ao trabalho de três psicoterapeutas estudados por Blander e Grinder – Virginia Satir, Fritz Perls e Milton H. Erickson –, às habilidades de linguistas como Alfred Korzybski e Noam Chomsky, ao conhecimento do antropólogo Gregory Bateson e do psicanalista Paul Watzlawick (Ready; Burton, 2009).

Dilts e Epstein (2001) indicam que a programação na PNL faz referência à forma como o sistema neurológico e linguístico cria as estruturas que compõem os modelos de mundo para o homem, um estudo surgido concomitantemente ao dos computadores pessoais. A perspectiva da PNL é a de que cada ser humano possui um computador pessoal, que é o próprio cérebro, e que este pode ser programado.

De acordo com D'Addario (2016), a PNL indica três tipos de pessoas de acordo com as percepções delas:

1. **Visuais**: dão preferência àquilo que veem, ou seja, quando falam com outras pessoas, querem que estas olhem para seu rosto, para ter certeza de que estão prestando atenção ao que estão dizendo.
2. **Auditivas**: são pessoas que comportam ritmos intermediários, isto é, não se caracterizam pela rapidez das pessoas visuais nem pela lentidão das pessoas cinestésicas; apenas uma curta manifestação oral do interlocutor pode confirmar que está prestando atenção ao que estão falando, como um "aham" ou "hum". Em suas ações, as

pessoas auditivas pensam de maneira sequencial, uma coisa de cada vez, não passando para outra ideia sem finalizar a anterior.

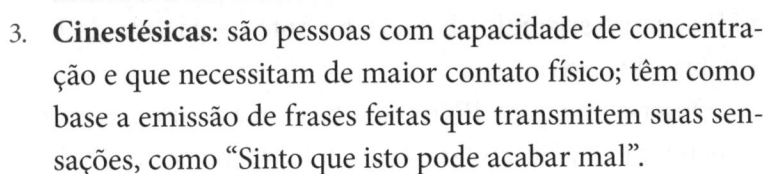

3. **Cinestésicas**: são pessoas com capacidade de concentração e que necessitam de maior contato físico; têm como base a emissão de frases feitas que transmitem suas sensações, como "Sinto que isto pode acabar mal".

Considerando-se que a PNL tem como base um enfoque holístico, entende-se que todas as partes de uma pessoa se encontram relacionadas entre si e que as mudanças de uma parte se refletem nas demais. Trata-se de um ponto de vista que leva em conta as consequências totais de qualquer processo de mudança (Harris, 2004).

Da mesma forma, a PNL trabalha com microdetalhes vinculados à pessoa e ao funcionamento desta na vida. Os pequenos detalhes dos dados observados têm importância na PNL como informação para que essa ferramenta possa produzir uma mudança positiva na vida do indivíduo (Dobrinsky, 2011).

Desse modo, de acordo com Harris (2004, p. 33, tradução nossa), "Trabalhar com os detalhes com frequência ajuda a compreender e a assimilar e permite trabalhar com um elemento de cada vez em vez de oprimir-se com várias atividades simultaneamente".

Mesmo que a PNL tenha como enfoque a conduta humana, também atua de forma relevante com o modo como os pensamentos influenciam no rendimento das pessoas. Em sua ação, a PNL oferece formas para modificar os padrões mentais e auxiliar na alteração deles a fim de que seja possível melhorar a vida das pessoas (Harris, 2004).

A conduta é entendida, portanto, como a base de tudo o que se encontra na pessoa em nível interno, ou seja, basicamente os pensamentos, os sentimentos e as crenças do indivíduo, caracterizando-se como o ponto de partida da PNL (Dobrinsky, 2011).

Observando que a PNL trabalha com a mente consciente e inconsciente, Harris (2004, p. 34, tradução nossa) registra que o consciente é definido como "o estado de consciência que se caracteriza pelo conhecimento de si mesmo e dos próprios elementos do ambiente".

Com relação ao termo *inconsciente*, é aplicado a estados de sono, anestesia e desmaio, mas também pode ser empregado para descrever processos mentais que se encontram fora da consciência (Harris, 2004). Trata-se de "um tipo de domínio mental misterioso, no qual opera aquilo que não conseguimos chegar a conhecer nem, muito menos, controlar" (Dobrinsky, 2011, p. 3, tradução nossa).

Esses processos mentais podem incluir, por exemplo, um hábito do qual a pessoa não é consciente, a familiarização com uma linguagem apenas por escutá-la, sem conhecer de modo consciente as palavras em seu significado ou a gramática, ou a reação diante de algo de forma automática, sem que haja a consciência do motivo pelo qual ocorre essa reação. (Harris, 2004).

Além disso, são ações do inconsciente os sonhos e os denominados *atos falhos*, que consistem em dizer uma palavra por outra ou ter esquecimentos momentâneos:

> Existe um consenso bastante generalizado acerca da existência de um plano mental inconsciente e de sua influência em nossas atitudes e condutas e a PNL adere a essa ideia. A disciplina de que nos ocupamos considera que o plano inconsciente existe, que este influi sobre o plano consciente [...] e que essa influência pode ser tanto positiva – quando abrimos caminhos e exploramos possibilidades – ou negativa, ao fecharmos os caminhos e reduzirmos as possibilidades de uma vida melhor. (Dobrinsky, 2011, p. 3, tradução nossa)

A PNL faz referência a quatro pontos que são apresentados como os pilares dessa ferramenta: 1) *rapport* [1]; 2) consciência sensorial; 3) pensamento positivo; 4) flexibilidade comportamental. Os conceitos desses pilares são apresentados no Quadro 6.1.

• • • • •
1 Refere-se ao estado de compreensão harmoniosa entre indivíduos e/ou grupos que permite e facilita uma melhor comunicação. Em palavras simples, *rapport* é se dar bem com as pessoas. É ter um número de coisas em comum, o que torna o processo de comunicação mais fluido e eficaz. Há casos em que o *rapport* acontece de forma instantânea, quando as pessoas se conectam entre si sem nenhuma tentativa ou dificuldade, do mesmo modo que as amizades se iniciam. A construção de *rapport*, contudo, pode ser efetivada quando for encontrado um terreno comum entre as pessoas, sendo enfáticas entre si e desenvolvendo uma ligação, como no caso de uma amizade, mas que aqui diz respeito a um relacionamento profissional harmonioso e bom (The Blokehead, 2016).

Quadro 6.1 – Os pilares da PNL

Pilares da PNL	
Rapport	O principal presente da PNL é a indicação de como construir o relacionamento com outros e consigo mesmo. O *rapport* encontra-se no núcleo da PNL, como um pilar central, que conduz a uma comunicação bem-sucedida entre dois indivíduos ou grupo de pessoas. Não sendo uma técnica, o *rapport* deve fluir constantemente entre as pessoas, devendo ser uma regra geral o seu estabelecimento desse pilar antes de o indivíduo esperar que alguém o ouça. *Rapport* é a chave para o sucesso e influencia a vida pessoal e profissional, ensinando o sujeito a apreciar e trabalhar com as diferenças, tornando as coisas mais fáceis.
Conhecimento sensorial	Compreende as percepções sensoriais e de quanto é importante o seu uso, como uma capacidade natural de visão, audição, tato, sensação, paladar e olfato em benefício próprio.
Resultado	Significa que a pessoa deve mudar o pensamento, liberando-se da prisão negativa dos problemas. Os princípios para uma abordagem positiva ajudam o indivíduo a tomar as melhores decisões e a fazer as melhores escolhas.
Flexibilidade comportamental	Refere-se a uma ação diferente quando as ações rotineiras não apresentam mais êxito. Ser flexível é a base para a prática da PNL.

Fonte: Elaborado com base em Ready; Burton, 2009, p. 12.

Considerando-se que em PNL toda a comunicação humana pode ser compreendida como um processo de aprendizagem, a utilização de diferentes instrumentos, como os níveis neurológicos, o metamodelo da linguagem e a modelagem, que atuam de modo conjunto entre pessoas, potencializa a comunicação ao seu nível máximo, na versão mais poderosa (D'Alessandro, 2012).

Em sua ação, a PNL confere grande importância ao trabalho com a linguagem em razão de considerar que se trata de um reflexo fiel de sentimentos, pensamentos e crenças que se encontram no interior do indivíduo. Da mesma maneira, a linguagem não verbal é muito valorizada pela PNL, a exemplo dos sinais corporais, como os gestos, bruscos ou lentos, os movimentos dos olhos, a postura ao sentar-se, que convergem em fontes de informações que devem ser observadas (Ángel Léon, 2010).

6.2
Programação neurolinguística aplicada ao coaching

Com relação à PNL, Burton (2012) afirma que ela apresenta uma estrutura global poderosa e flexível e oferece inúmeros modelos-chave, que podem ser incorporados em intervenções em coaching.

Essa formulação de objetivos com planejamento prévio para que sejam alcançados com facilidade e congruência, de modo que o indivíduo se sinta satisfeito com elas, consiste em uma das habilidades fornecidas pela PNL. Conforme Ángel Léon (2010, p. 78, tradução nossa), "Uma das principais contribuições do *coaching* do PNL é a extraordinária precisão e, portanto, a probabilidade de alcançar objetivos – o principal tópico de coaching – de suas estratégias para formular objetivos adequadamente".

Vincular o coaching com a PNL, portanto, implica um processo de ativação da pessoa em relação à aprendizagem, e essa ativação requer o uso simultâneo, por parte do coach, de todas as ferramentas necessárias de PNL ou não, para compreender e modelar o processo do coachee e poder facilitar a ele o acesso ao estado de criatividade (D'Alessandro, 2012).

Assim, o coach, com a aplicação da PNL, pode guiar o coachee no reconhecimento de qual objetivo este último pretende atingir, ao considerar: uma meta, o modo pelo qual se fundamenta, seus principais mecanismos de impulso e os opositores, bem como a forma de realização desses objetivos e dos demais que agregar, transformando-os em uma realidade que esteja em conformidade os próprios princípios. Em um exemplo desse processo, D'Addario (2016) registra duas situações: na primeira delas, um coach tradicional pergunta ao coachee o que ele acredita que poderá lhe ocorrer quando atingir o objetivo pretendido; na outra situação, um coach com PNL, considerando o mesmo caso, pergunta ao coachee o que acontecerá no momento em que estiver fazendo o que idealizou.

Desse modo, o coach com PNL utiliza a linguagem temporal, com expressão sutil nas indagações, elemento positivo e motivador, pressupondo a meta já alcançada e incentivando o coachee no desenvolvimento de um plano de ação convicto da consecução deste, conservando os interesses do coachee e a visualização da situação desejada (D'Addario, 2016).

As ferramentas e modelos de PNL fazem parte do processo de PNL e coaching: pressuposições da PNL; modelo *score*; modelo dos níveis lógicos; modelo meta; resultados bem formados; metaprogramas; posicionamentos perceptuais; e processo de luto e perda. Nos tópicos seguir, vamos descrever alguns desses modelos.

6.2.1
Pressuposições da PNL

Três pressuposições da PNL são apresentadas: 1) o mapa não é território; 2) as pessoas são mais do que seus comportamentos; 3) os indivíduos dispõem de recursos. Quanto à primeira, temos a seguinte descrição:

> As pessoas criam as próprias realidades com base em sua experiência de vida, crenças, valores e memórias. As palavras que usam descrevem sua percepção da realidade, não a realidade em si. O mapa é a percepção, enquanto o território é a realidade. [...] Normalmente, os clientes vêm para o coaching porque sentem que precisam refinar seus mapas. Perceber que os mapas do mundo de seus clientes são diferentes dos seus aguça sua curiosidade sobre como eles se diferem. Onde esses mapas lhes servem? Onde eles são pequenos demais ou incompletos? (Burton, 2012, p. 33-34)

Com base na pressuposição extraída da PNL e mesmo do pensamento sistêmico de que o mapa não é território, Ángel León (2010, p. 50, tradução nossa) explica que os homens lidam com a complexidade por meio do inconsciente, sendo compreendida essa pressuposição como apoio fundamental para o aumento da flexibilidade, realimentando os homens e possibilitando que aprendam com a própria experiência: "São suposições úteis fornecidas por aqueles que usam o poder de sua mente mais ampla – o inconsciente – para resolver problemas ou acessar novas opções que facilitam maiores conquistas pessoais e profissionais".

Ángel León (2010, p. 50, tradução nossa) destaca a maneira como a pessoa se comunica consigo mesma e a consciência que tem das próprias pressuposições e intenções com relação ao que faz, a si, às pessoas e ao mundo, apontando a forma de comunicação e a consciência como fatores determinantes dos resultados que essa pessoa obtém e que incidem no desenvolvimento do próprio potencial total dela: "O diálogo interno reflete esses pressupostos e intenções, para que possa apoiá-lo e melhorar sua capacidade de dar o melhor de si mesmo, ou não".

Quanto à pressuposição de que as pessoas são mais do que os próprios comportamentos, a indicação é que o coach reconheça as qualidades de uma pessoa sem julgá-la; portanto, considerando-se a suposição da PNL de que um mau comportamento em dado contexto não caracteriza alguém como sendo intrinsecamente ruim, a separação do comportamento do coachee permite uma boa aplicação do coaching.

Devemos levar em conta que "As pessoas podem se comportar mal quando não têm os recursos internos ou a capacidade para se fazê-lo de forma diferente em uma situação em particular" (Burton, 2012, p. 34); desse modo, por meio do coaching, há a possibilidade de auxiliar essas pessoas a desenvolver novas habilidades ou mudar para ambientes que apresentem melhores condições, fato que as conduz a mudanças significativas de comportamento.

Quanto à pressuposição final proposta por Burton (2012), a de que os indivíduos dispõem de recursos, destacam-se a resiliência mental e a capacidade de aprender com pessoas que se constituem em modelos a serem seguidos. Com esses recursos, as pessoas empreendem as mudanças desejadas.

O destaque em relação a essa pressuposição está na seguinte ideia:

> As pessoas não são inúteis: elas somente podem experimentar um estado de inutilidade em um momento específico. Você não usa o *coaching* com o objetivo de consertar ninguém. Em vez disso, você ajuda seus clientes a sair das situações com suas próprias maneiras e a reconhecer seu próprio brilhantismo [...].
>
> Em PNL, *estado* é a condição de emoção interna de um indivíduo; preocupado, feliz, confuso, alegre, e assim por diante.
>
> Um conjunto específico de padrões fisiológicos característicos da pessoa, de comportamentos e de pensamento acompanha cada estado. (Burton, 2012, p. 35-36, grifo do original)

No caso em que o coachee esteja se sentindo em uma versão menor de si mesmo, compete ao coach planejar um desafio para trazê-lo para fora desse ambiente, para que saia da zona de conforto.

6.2.2
Processo de luto e perda

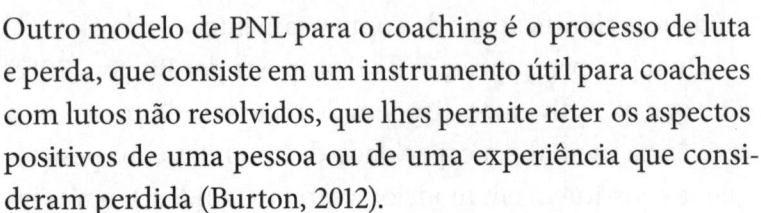

Outro modelo de PNL para o coaching é o processo de luta e perda, que consiste em um instrumento útil para coachees com lutos não resolvidos, que lhes permite reter os aspectos positivos de uma pessoa ou de uma experiência que consideram perdida (Burton, 2012).

Souza (2015) se refere a esse modelo como *life coaching*, uma ferramenta de excelência que contribui na sessão de coaching para que o coachee aprenda a lidar com os processos de perda vivenciados. Com essa ferramenta, é possível identificar quais meios permitem que o sujeito alcance o equilíbrio necessário diante de perdas, no sentido de que elas podem significar aprendizado e crescimento pessoal.

As perdas, sejam decorrentes de lutos, sejam decorrentes de traumas, podem ser resolvidas com o *life coaching*, no modelo de um processo de apoio a ser aplicado para pessoas que precisam melhorar o estado atual, com o enfrentamento do momento vivido. Ainda que o estresse esteja presente e dificulte a produtividade diária do indivíduo, bem como o bem-estar e a qualidade de vida, os níveis normais de funcionamento global podem ser restabelecidos, mediante a possibilidade de união da escuta terapêutica com as ferramentas de autoconhecimento (Souza, 2015).

6.2.3
Modelo dos níveis lógicos

O modelo dos níveis lógicos de alinhamento e mudança se caracteriza como uma estrutura clássica do PNL; diz respeito à possibilidade de encontrar um senso de propósito nas atividades cotidianas, auxiliando o coach a trabalhar com clientes de modo a reajustar a mistura entre aspectos da vida deles na identificação de aspectos precisos nos quais as mudanças devem ser realizadas. "Este modelo ilustra a interação entre sentimentos, pensamentos e ações para criar um sentido de propósito. O modelo é uma ferramenta eficaz que muda as atitudes dos clientes" (Burton, 2012, p. 96).

Com o coaching, o compartilhamento desse modelo dos níveis lógicos da PNL permite fornecer aos coachees uma ferramenta que eles podem usar para preparar a si próprios quando se sentirem limitados quanto a propósito, identidade, crenças e valores, capacidades e habilidades. Basicamente, as atuações devem ocorrer em seis níveis de mudança, para que o coachee retorne a um sentido de alinhamento: 1) o ambiente no qual se movimenta; 2) o próprio comportamento; 3) as habilidades, as capacidades e os talentos; 4) as crenças e os valores; 5) o sentido de papel ou identidade; 6) o propósito ou a conexão (Burton, 2012).

6.2.4
Metaprogramas

O modelo-chave da PNL denominado *metaprogramas* consiste em filtros mentais inconscientes que direcionam o coachee àquilo a que ele presta atenção, à forma que ele utiliza para processar a informação e comunicá-la aos demais. (Burton, 2012).

Apresentado por Alonso (2012, p. 109, tradução nossa), os metaprogramas são

> Esquemas pessoais que usamos para decidir em que prestamos atenção internamente e externamente. Filtros com os quais processamos informações de acordo com nossas preferências, estilo e experiências. Padrões preferidos que colocamos em jogo ao organizar a informação recebida e que usamos inconscientemente e automaticamente. Os metaprogramas são estratégias adotadas pelas pessoas para reduzir e simplificar a complexidade inerente ao ambiente "alvo" e para construir uma representação interna que seja praticável, embora parcialmente limitada. As pessoas colocam em jogo diferentes metaprogramas. O único em comum é o efeito inconsciente desses padrões.

Baker e Forner (2004, p. 216, tradução nossa) definem os padrões de metaprogramas como "Um eficaz conjunto de distinções com os quais são analisados e identificados estilos básicos de pensamento e de aprendizagem". A combinação desses padrões de metaprogramas que criam um estilo de pensamento de uma pessoa é um indicador sobre como essa pessoa estrutura os mapas de mundo, organiza e seleciona as próprias experiências.

Alguns dos metaprogramas que são tratados no coaching, com base em uma abordagem complementada com a PNL, estão indicados na Figura 6.1.

Figura 6.1 – Metaprogramas tratados no coaching com abordagem na PNL

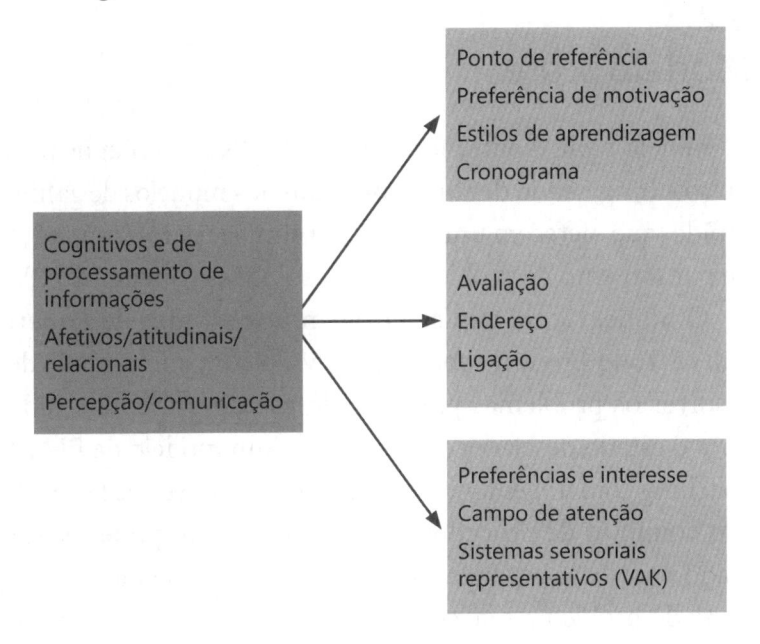

- Cognitivos e de processamento de informações
- Afetivos/atitudinais/relacionais
- Percepção/comunicação

- Ponto de referência
- Preferência de motivação
- Estilos de aprendizagem
- Cronograma

- Avaliação
- Endereço
- Ligação

- Preferências e interesse
- Campo de atenção
- Sistemas sensoriais representativos (VAK)

Fonte: Alonso, 2012, p. 108, tradução nossa.

D'Alessandro (2012) complementa que, em modelos de metaprogramas em PNL, as criações do cérebro se ativam para sujeitos concretos em estratégias complexas também concretas. Por isso, em coaching com PNL, busca-se observar como o cérebro trabalha; por exemplo, o coach solicita ao coachee que escreva um texto e nesse texto o coach identifica quais elementos o coachee utiliza de forma particular, sem que seja exigido um rendimento prévio. No momento em que o coachee souber fazer esse texto, a indagação do coach será sobre como o coachee realiza a ação para que aprenda o próprio modo de fazer e possa alcançar gradativamente um nível mais alto.

6.2.5 Modelo *score*

O modelo *score* é outra ferramenta de PNL, com aplicação no coaching, sendo definido como um dos modelos de ganho rápido, que oferecem uma estrutura simples para a mudança de pensamento de problemas para soluções (Burton, 2012).

O modelo *score* tem sua origem nos estudos de Robert Dilts e Todd Epstein e foi desenvolvido com a finalidade de resolver os problemas partindo do estado presente e indo para o estado desejado; é considerado um modelo de PLN e coaching com um enfoque mais intuitivo. Em vez de requerer um conjunto de procedimentos, esse modelo pode ser iniciado com base em lugares diferentes, dependendo do contexto do problema e de como a pessoa o apresenta (Bavister; Vickers, 2005).

O *score* envolve cinco elementos centrais, independentemente da situação: sintomas, causas, resultados (*outcomes*, em inglês), recursos e efeitos, que correspondem ao acrônimo S.C.O.R.E. (Bavister; Vickers, 2005).

Descrevendo esses elementos, Burton (2012, p. 87, grifo do original) afirma:

- **S**intomas são os aspectos de um problema que são conscientemente observáveis.
- **C**ausas são as razões menos óbvias que desencadeiam os sintomas.
- **O**bjetivos são os novos estados, comportamentos ou metas que assumem o lugar dos sintomas.
- **R**ecursos são os elementos que podem resolver o problema ao lidar com os sintomas (incluindo técnicas de PNL específicas de mudanças tais como um exercício de integração das partes) e que podem ajudar nos resultados.
- **E**feitos são as consequências de longo prazo dos resultados atingidos.

Os procedimentos para o uso do modelo *score* são ditados por Baker e Forner (2004, p. 229), com os seguintes passos: decidir, localizado na zona neutra, qual o **objetivo** o sujeito quer alcançar; seguir para **resultados** e imaginar como é alcançar esse objetivo. Depois, ir para **efeitos**, avaliar as consequências ou os efeitos de ser alcançado o objetivo; o próximo passo é o **sintoma**, o qual deve ser revisado utilizando-se os três sistemas de representação: o que vê, o que ouve, o que sente. Quando o sintoma estiver bem definido e limitado, o indivíduo deve ir para **causa** e tentar encontrar a causa do sintoma.

Findas essas etapas, a pessoa deve retornar para a zona neutra, a fim de refletir, se for necessário. Ela deve ir para **recursos** e decidir quais seriam os recursos apropriados para resolver o problema que lhe diz respeito; em seguida, deve ir para o **sintoma** com seus recursos e verificar se há alterações e se os sintomas ainda estão associados à causa. Em caso afirmativo, a pessoa deve voltar para **recursos** e intensificá-los;

senão, deve ir para **efeitos** e observar como eles são modificados à luz do objetivo alcançado e com os **recursos** já ativados (Baker; Forner, 2004).

6.3
Coaching ontológico

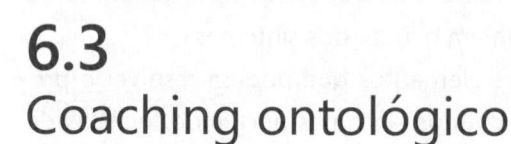

Wolk (2007) explica que a centralidade do coaching ontológico reside na pressuposição de uma resposta adequada a questionamentos relacionados com a vivência particular de cada pessoa, sendo necessário que o coach repense muito bem se a ajuda dele poderá atender às demandas identificadas nesse processo.

Para Wolk (2007), existem algumas perguntas que o coach pode fazer para ajudar o coachee em seus questionamentos. São perguntas que desencadeiam desafios interpretados de diferentes formas, produzindo uma gama diversa de propostas de coaching. Especificamente quanto ao coaching ontológico, a pergunta é sobre o significado do ser humano, questão que já foi contemplada há 25 séculos, na Grécia antiga, por um grupo de filósofos, entre os quais estava Sócrates e, depois, Platão e Aristóteles, que responderam a essa questão com o programa metafísico, deixando o mundo, desde então, inserido na ideia estabelecida nessa resposta. A busca por refazer a pergunta que diz respeito à vivência humana está relacionada com a revisão crítica das premissas oferecidas pela proposta metafísica, porque os conceitos trazidos por Friedrich Nietzsche indicam o esgotamento do programa metafísico e a

necessidade de inaugurar um período diferente, que abra um novo ciclo na história do homem: "Com isso se abre um novo ciclo na história da humanidade, que é chamado o período do programa ontológico" (Wolk, 2007, p. 207).
Quanto às origens da ontologia, D'Addario (2017a, p. 4) afirma que

> A ontologia tem origem filosófica e é denominada de teoria do SER, vem do grego, do verbo ser, estar, ciência, estudo teoria. O coaching ontológico trata da reflexão que pode ser feita pelo ser humano sobre si próprio, através da linguagem e por intermédio da alteração da sua forma de observar a realidade. Ao tomar consciência desta, começa a descobrir a origem das suas condutas, dando-lhe liberdade para alterar aquelas que não funcionarem por aquelas que lhe possam dar maior estabilidade e poder pessoal.

Trata-se de uma situação que permite a ampliação do conjunto de possibilidades para a obtenção de resultados com características de brilhantismo e diferente dos usuais. A criação de uma consciência das normas de conduta que guia a vida do indivíduo e que consiste na gênese dessas normas possibilita que ele ascenda a um novo conhecimento em relação à forma como está estruturado (D'Addario, 2017a).

Para Heidegger (2009), *ontológico* é um termo que tem sido usado tanto quanto o termo *ôntico*, que significa "relativo ou pertencente ao ser". Na filosofia atual, a tendência ontológica "significa então: tendência para o realismo. Mas essa tendência ontológica caracteriza-se justamente pelo fato de não formular o problema da ontologia e de nem mesmo compreendê-lo" (Heidegger, 2009, p. 215).

Muradep (2012, p. 20, tradução nossa) assim define ontologia:

Ontologia (do grego *onthós*, "entidade") é um ramo da metafísica que estuda a essência, as características, as particularidades etc., do ser e do estar, não apenas dos seres vivos, mas também dos objetos e das abstrações. O primeiro a usar esse nome foi o filósofo Goclenio, em 1613, e pouco depois Leibniz o definiu como "a ciência do que é e do nada, do ser e não ser, das coisas e dos seus modos, da substância e do acidente".

Três áreas primárias permitem a distinção do processo de compreensão do ser – fenômeno humano –, conforme Echeverría (2006): 1) corporalidade; 2) emoção; e 3) linguagem.

Com base na ontologia, podemos afirmar que é a linguagem é, "acima de tudo, o que faz dos seres humanos o tipo particular de seres que somos, seres linguísticos que vivem na linguagem" (Muradep, 2012, p. 56, tradução nossa).

Para a ontologia, o homem precisa dar sentido à própria vida e por isso conta histórias, o que implica reconhecer os três domínios primários indicados por Echeverría (2006) como essenciais para a compreensão do fenômeno humano (corporalidade, emoção e linguagem). De acordo com Muradep (2012), no âmbito do coaching, a ontologia da linguagem se constitui em prioridade, pois por meio dela se pode reconhecer a existência dos outros dois domínios, que não são verbais e que exigem como referência o uso da linguagem.

Echeverría (2006) reflete sobre a passagem da ontologia da linguagemcomo espaço interpretativo geral para o desenvolvimento de ontologias regionais, as quais se referem a reconstruções ontológicas de domínios particulares da atividade humana. Segundo Echeverría (2006), quando o indivíduo consegue constituir um espaço interativo, o qual é denominado *ontológico*, basicamente duas situações podem ser observadas: 1) o compartilhamento desse espaço interativo com todos os seres humanos; e 2) a incidência de fatores no modo de ser de cada indivíduo. Quando observadas essas duas situações, a proposta da ontologia da linguagem identifica a possibilidade de a pessoa dar um novo salto e ir além.

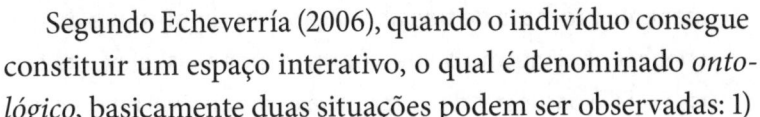

Nesse sentido, afirma Wolk (2007, p. 208-209, tradução nossa):

> Os seres humanos, como diz Martin Buber, são seres conversadores. O tipo de ser que somos é constituído nas conversas que temos com os outros, com nós mesmos e com o mistério da vida. Quem ganha acesso a nossas conversas consegue se inclinar para fora do domínio misterioso e incompreensível da alma humana. Nas conversas encontramos, portanto, as chaves para entender melhor como somos cada um, por que temos os problemas que enfrentamos, quais são as raízes de nossas alegrias e nossos sofrimentos e como podemos, eventualmente, abrir o caminho para uma vida com maior significado e plenitude. A linguagem, um dos componentes básicos de toda conversa, define e delimita [...] uma forma particular de vida. [...] a linguagem, longe de ser passiva e descritiva, é ativa e generativa. Por meio de nossas conversas, transformamos o mundo e criamos novas realidades. As conversas participam da construção de nossas identidades, na formação de nossos relacionamentos pessoais, na criação de

diferentes possibilidades e futuros. [...] Dado o caráter ativo e generativo da linguagem, os seres humanos estão em permanente processo de transformação. Mais importante do que conhecer a si mesmo ou descobrir-se, por mais relevante que isso seja, é participar de forma ativa e responsável no processo de nossa própria invenção. A colaboração ontológica serve para esse processo.

A característica da meta ontológica é colocar em foco o fenômeno das conversações, pois é a partir delas que o olhar ontológico se desenrola. As conversações aparecem de todo lado e podem iluminar de maneira inesperada os mais variados fenômenos humanos, confirmando o poder da proposta ontológica (Echeverría, 2006).

Como definição de *coaching ontológico*, D'Addario (2017b, p. 6) afirma que "É um processo de aprendizagem. Quando os resultados que obtivermos forem pouco satisfatórios e pensarmos que a situação se possa alterar, entramos nesse tipo de processo".

Para a PLN, a ontologia da linguagem é um dos modelos complementares que se encontram a serviço do coaching, já que eles operam na linguagem, nas emoções e na corporalidade, citadas por Echeverría (2006), intervindo no domínio da ação para que o coachee possa alcançar o estado desejado. São tecnologias que contêm muitas ferramentas poderosas que podem ser utilizadas em diferentes âmbitos, tanto pessoal quanto organizacional (Muradep, 2012).

Acrescenta Muradep (2012, p. 23, tradução nossa):

> Ao modelar a excelência humana, a PNL detecta e permite transferir padrões de sucesso de uma pessoa para outra,

fazendo com que algumas pessoas consigam o que as outras conseguiram alcançar. Por sua vez, a ontologia permite conectar-se com aquele ser humano particular que pergunta sobre ser. Dessa forma, o treinamento permite que as pessoas atinjam padrões extraordinários, ainda não alcançados por elas.

No enfoque da PNL, as pessoas aprendem conforme utilizam os sentidos, aprendendo por meio deles, vendo as coisas, olhando-as, tocando-as e, inclusive, aprendendo através do olfato e do gosto, ainda que, na maioria das vezes, esses sentidos sejam marginalizados na educação convencional. De resto, a educação convencional tende a destacar-se acima de todos os aspectos audiovisuais de aprendizagem, embora os sentidos humanos, as sensações e os movimentos do corpo sejam tão importantes na aprendizagem quanto a visão e a audição (Dilts; Epstein, 2004).

Como ressalta Barreau (2011), a ontologia faz parte dos procedimentos do coaching, que, diante das dificuldades profissionais e dos problemas pessoais, tem sido considerado como a cura para todos os males. No entanto, a experiência exige máxima cautela, porque, em um campo tão sensível aos efeitos da moda como gestão ou gerenciamento, é comum o surgimento de novas práticas gerenciais que, em seguida, se desgastam prematuramente e desaparecem tão rapidamente quanto surgiram. Essa efemeridade indica a necessidade de fazer perguntas, tanto deontológicas quanto éticas.

Dilts e Epstein (2004) referem o processo de aprendizagem dinâmica como um elemento constante da PNL, lembrando que Descartes buscou estabelecer uma separação entre a mente e o corpo, mas que a mente integra o sistema nervoso do corpo humano e se estende por todo o corpo. Assim, o aspecto linguístico da PNL vincula-se com o fato de o ser humano desenvolver sistemas e comunicação complexos, com ênfase na linguagem, diferenciando-se dos demais animais como resposta do sistema nervoso que permite o uso da linguagem reflexa.

Conforme D'Addario (2017b, p. 5), os objetivos do coaching ontológico incluem "desenvolver o conhecimento próprio, abrir uma panorâmica percentual de possibilidades, identificar normas de conduta, elevar o nível de comunicação, aprender a resolver conflitos com rapidez, criar equipes, compromissos e um ambiente de harmonia e gerar sentido de comunidade".

Dilts e Epstein (2004) indicam outro nível importante a ser considerado no processo de aprendizagem, o relativo a crenças e valores, incluindo aspectos relacionados ao porquê de aprender. Os autores afirmam que esses fatores se relacionam intimamente com a motivação e a autorização para aprender, tendo em vista que surgem em contextos muito diferentes, como em relações pessoais, grupo de amigos, família, antecedentes culturais e várias situações reais presentes no mundo moderno.

6.4
Comunicação dialógica

Ao abordar a comunicação dialógica, Fernandes (2003, p. 24) explica que "O termo dialogismo é produto da criação de

Mikhail Bakhtin para referir um procedimento do discurso literário, consistindo numa propagação de vozes múltiplas intra e intertextuais". Bakhtin entende que a linguagem é sempre dialógica, tendo em vista que a alteridade define o homem, pois o outro é indispensável para a concepção do ser humano como tal, não sendo possível desconsiderar essa relação com o outro (Fernandes, 2003).

De acordo com Bakhtin (1997), a língua e a comunicação verbal são entendidas como comunicação dialógica efetuada mediante enunciados. A ausência de palavras é também a ausência de línguas, o que inibe a relação dialógica, já que esta pressupõe uma língua, embora não exista no sistema da língua.

Para Fernandes (2003, p. 25), quanto aos aspectos do dialogismo que estabelecem a interação entre os sujeitos, trata-se de "uma importante contribuição para o entendimento da comunicação e a interação verbal, que implicam a variação linguística, a construção dos interlocutores no diálogo, o jogo de imagens e, ainda, a competência dos sujeitos da comunicação".

A comunicação, de acordo com D'Addario (2017a), caracteriza-se como a troca de ideias entre pessoas e constitui-se na base da sociedade, tendo seu início no âmbito familiar, com o ensino das primeiras palavras pelos pais aos filhos. Falar e compreender a linguagem falada é condição essencial para que a comunicação seja efetivada. Além disso, é importante que a eficácia também esteja presente no processo, considerando-se que ouvir, resolver conflitos e comunicar de modo uniforme são competências inerentes à comunicação.

Ready e Burton (2009, p. 60) entendem que, no coaching, a comunicação efetiva inclui as habilidades fundamentais de ouvir atentamente, questionar de modo eficaz e articular de modo claro o que o coach observa:

> *Coaches* treinados com PNL chegam ao coaching munidos de uma sólida consciência de comunicação – desde saber como construir *rapport* e se dissociar de problemas emocionais até prestar uma dedicada atenção aos padrões de linguagem das pessoas e sugestões não verbais. [...] A capacidade de comunicação entra debaixo da superfície da estrutura do que os clientes dizem para descobrir o que realmente está acontecendo com eles em uma estrutura mais profunda.

O coach compartilha observações no sentido de promover impacto positivo sobre os coachees, havendo maior especificidade nos detalhes e na ilustração de pontos com utilização de metáforas ou analogias (Ready; Burton, 2009).

No processo dialógico, o coaching é compreendido por Alonso (2013) como um modelo destinado a oferecer uma metodologia inovadora, com base nos princípios do pensamento realista e ideológico.

Alonso (2013, p. 15) questiona em que sentido o coaching é dialógico, porque o dialógico pode ser interpretado como uma relação com o diálogo ou então "como expressão de uma dimensão constitutiva do modo de ser e de se desenvolver do ser humano, que alcança a sua plenitude em diálogo constante com a realidade". Portanto, Alonso (2013) situa o coaching dialógico no entendimento de um coachee livre e que busca um sentido, o qual descobre por si mesmo e se desenvolve em relação a essa descoberta.

Em uma equipe de coachees, a comunicação é favorecida por metas claras e papéis, responsabilidades e estruturas de tarefas bem definidos, considerando-se que é com essa clareza de metas e de estruturas que acontece a redução de conflitos, concomitantemente ao desenvolvimento de modelos mentais compartilhados, no modelo de opiniões plurais relativas ao trabalho e ao ambiente de atuação das pessoas, facilitando, desse modo, a comunicação entre elas (Clutterbuck, 2008).

Entre as competências importantes da comunicação, ouvir, resolver conflitos e comunicar de modo uniforme são essenciais, porque ouvir vai além de saber aquilo que o outro diz – trata-se de compreender aquilo que o outro pretende dizer. A compreensão das ideias que a outra pessoa comunicar pode ser fundamental para que conflitos sejam evitados ou resolvidos, comprometendo cada uma das partes envolvidas (D'Addario, 2017a).

Conforme os ensinamentos de Clutterbuck (2008, p. 71), quanto à importância da comunicação,

> Em geral, quanto mais alta a interdependência da equipe, maior a necessidade de comunicação frequente. As equipes necessitam tanto de comunicação transacional (que contém informações e orientações sobre as tarefas e os processos) como de informação relacional (para o desenvolvimento de um entendimento comum e para a construção e a manutenção de uma união social.

O mesmo autor comenta que, apesar da evolução nas comunicações, por meio das tecnologias comunicacionais, percebem-se poucas melhorias na comunicação entre as pessoas, em relação ao compartilhamento de visões e significados e à construção de relacionamentos, especialmente em termos virtuais, quando se considera vital que a comunicação assegure as interações transacionais e relacionais (Clutterbuck, 2008).

D'Addario (2017a) vê na comunicação via meio eletrônico uma forma menos eficaz de comunicação, como no caso de *blogs*, aparelhos de telefone celular, páginas de redes sociais e correio eletrônico. Conseguir a eficácia em uma comunicação por meio de tais ferramentas é considerado um desafio, porque o esforço da mensagem é limitado ou nenhum, em absoluto. A comunicação eletrônica eficaz requer que reforços sejam inseridos nas mensagens.

Entendendo-se que os relacionamentos de coaching apresentam variações em seu desenvolvimento, os coachees poderão atribuir a culpa aos coaches por dificuldades ou por atrasos nas mudanças que estão procurando, antes mesmo que analisem e compreendam o progresso que obtiveram. Assim, a essencialidade nesse processo inclui uma comunicação aberta entre o coach e o cliente (Ready; Burton, 2009).

D'Addario (2017a) indica que pode haver dissensões na comunicação verbal, quando esta não coincide com a comunicação não verbal, a exemplo da linguagem corporal e do tom de voz, ressaltando a eficácia da comunicação frente a frente.

Segundo Clutterbuck (2008), em uma equipe há maior necessidade de comunicação entre seus membros. Porém, essa comunicação deve trazer as informações sobre as tarefas e os processos, bem como sobre o desenvolvimento de uma compreensão comum a todos, para que ocorra a construção e a manutenção do relacionamento social. Assim,

> É justificado afirmar que o processo de *coaching* constitui o único meio confiável de garantir que uma equipe atravesse rapidamente todos os estágios de desenvolvimento de grupos. Sem o *coaching* os estágios podem ser prolongados por fracassos de comunicação, desconfiança, processos inadequados e por evitar problemas importantes, mas menos óbvios. Programas de mudança de cultura oferecem uma estatística desanimadora de sucessos, apesar de todo o esforço e de todo o dinheiro investido. Parte do problema está relacionado ao fato de processos de mudança geralmente deixarem de considerar diversos componentes cruciais. Um desses é a oportunidade de explorar em profundidade as preocupações que todos têm em relação à mudança, e como irão pessoalmente aprender. (Clutterbuck, 2008, p. 100)

Com referência ao coaching, a comunicação é uma disciplina na qual esse processo se apoia para o alcance das metas planejadas, sejam elas de cunho pessoal, sejam elas de cunho empresarial ou espiritual, e aplicáveis a objetivos futuros, com probabilidade de perdurarem no longo prazo, em razão de essa disciplina obter resultados sustentáveis (D'Addario, 2017a).

Com relação ao coaching dialógico, cabe observar os princípios básicos apresentados no Quadro 6.2.

Quadro 6.2 – Princípios básicos do coaching dialógico

Ordem	Princípios básicos	Definição
1	O cliente é um ser livre e buscador de sentido que se descobre a si mesmo e se desenvolve em relacionamentos.	Um ser livre e que, portanto, se constrói a si mesmo. Busca o sentido que necessita dotar à sua vida, às suas ações e à realidade que o rodeia. Que se constitui e se desenvolve por meio do encontro consigo mesmo, com os demais e com o mundo. Com todo o potencial necessário para alcançar sua plenitude, entendendo-se por *plenitude* a implantação máxima de suas capacidades e o desenvolvimento de suas dimensões mediante a realização de suas finalidades em conformidade com quem é o cliente.
2	O coaching é uma forma específica de relacionamento entre coach e cliente.	O coach promove e cuida da relação, por meio da qual se cria uma aliança de trabalho coproduzida entre coach e cliente; um campo de jogo, de desenvolvimento e crescimento para o cliente; um espaço seguro e livre de críticas e prejuízos em que tudo pode ser dito. O coach é um especialista nos temas e desafios do cliente; o saber se produz no âmbito que se constrói entre o cliente e ele. O coach não tem soluções para o cliente; a missão do coach consiste em proporcionar espaço para que o cliente desenvolva as próprias soluções. Aquilo que atrai o cliente a cada sessão de coaching é essencial no processo de desvelar a plenitude do cliente. O coach desvela a demanda, às vezes não totalmente consciente, do cliente, mantendo sempre o foco no cliente, e não no assunto. O coach autogerencia suas opiniões e sentimentos, assim como a própria ansiedade pelo protagonismo.

(continua)

(Quadro 6.2 – conclusão)

Ordem	Princípios básicos	Definição
		Se a relação ente coach e cliente frutifica, produz os resultados que o coach deve saber perseguir: 1. a ampliação da consciência (desvelar); 2. o incremento da responsabilidade; 3. o compromisso com a ação; 4. o crescimento e a criação de algo novo; 5. o processo de afirmação e unificação existencial.
3	O processo de coaching desvela a plenitude do cliente ao percorrer os âmbitos de exploração do Sentido, do Ser e do Caminho.	Serve para impulsionar, na medida do possível, a implantação das potencialidades da pessoa. O desvelamento da plenitude do cliente ocorre em três âmbitos de exploração: do Sentido, do Ser e do Caminho. 1. O âmbito do Sentido é o que unifica e orienta a pessoa a desvelar sua visão, seu propósito e seus valores. 2. O âmbito do Ser é o que desvela a realidade do cliente e a realidade que o rodeia. 3. O âmbito do Caminho é o que desvela as melhores opções, escolhas e ações do cliente no caminho de forma plena.
4	A visão do coach engloba o cliente em suas relações e sistemas.	A visão dialógica do coaching inclui o cliente, sua relação com os outros, sua relação com os sistemas e os próprios sistemas. O coach desvela a qualidade dessas áreas e concentra-se nas verdadeiras relações de forma a explorar o campo das relações e sistemas do cliente.

Fonte: Elaborado com base em Alonso, 2013, p. 20-22.

No processo de coaching dialógico, o fato de que o homem dialogue com a realidade significa que ele sente a necessidade de assumir o controle dessa realidade que o rodeia e da situação que ela apresenta, fazer opções diante do ambiente e das exigências que lhe são impostas, criar projetos de ação pessoal em colaboração com o que o entorno lhe oferece (Alonso, 2013).

6.5
A plasticidade

O termo *plasticidade* tem origem no grego *plaiticós*, "referindo-se à capacidade de algo ser esculpido e modelado [...]. Dessa forma, a plasticidade cerebral é definida como a capacidade do cérebro para se modificar a partir de suas experiências" (Malloy-Diniz et al., 2016).

A plasticidade introduz uma nova visão do cérebro, que passa a ser visto como um órgão determinado e determinante, de uma vez por todas. Não pode mais ser considerado como uma organização definida e fixa de redes de neurônios, cujas conexões se estabeleceriam de forma definitiva ao término de um período de desenvolvimento precoce e tornariam mais rígido o tratamento da informação (Ansermet; Magistretti, 2008).

Acerca da plasticidade, a Academia Brasileira de Ciências (Araújo, 2011, p. 48) indica que "A plasticidade cerebral durante o processo de aquisição da leitura provavelmente induz outras modificações no circuito neural envolvido com o aprendizado", de modo que as funções de memória são armazenadas no hipocampo durante algum tempo, sendo transferidas e armazenadas no neocórtex temporal depois desse processo de consolidação.

Essas modificações nas conexões neurais permitem que o indivíduo aprenda a solucionar novos problemas, condição muito importante para a memória, a aprendizagem e outras funções simbólicas do cérebro, confirmando, desse modo, a contínua plasticidade de alguns circuitos neurais com o aprendizado (Araújo, 2011).

Para Vieira (2015, p. 209), "Todo ser vivo é dotado de um sistema nervoso organizado e interconectado, que modifica o seu comportamento e as respostas aos estímulos em função de experiências vividas através das sinapses neurais".

Trata-se de uma modificação caracterizada como aprendizado "e ocorre no sistema nervoso através da propriedade chamada plasticidade neural. E após cada modificação, nós temos alteração em nossas crenças e em nossos resultados" (Vieira, 2015, p. 209).

Explicitada em sua composição,

> A plasticidade neural é a capacidade do cérebro de desenvolver novas conexões sinápticas entre os neurônios a partir da experiência e do comportamento do indivíduo. Com determinados estímulos, mudanças na organização e na localização dos processos de informação podem ocorrer no cérebro. É através da plasticidade que novos comportamentos são aprendidos e o desenvolvimento humano torna-se um ato contínuo. Esse fenômeno parte do princípio de que o cérebro não é imutável, uma vez que a plasticidade neural permite que uma determinada função do Sistema Nervoso Central (SNC) possa ser desenvolvida em outro local do cérebro como resultado da aprendizagem e do treinamento. (Vieira, 2015, p. 209)

Assim, cada vez que se configura a plasticidade neural e as modificações relacionadas, os indivíduos têm alteração em suas crenças e em seus resultados (Vieira, 2015). Como explicam Portellano Pérez e García Alba (2005, p. 41, tradução nossa),

> Qualquer aprendizado modifica o sistema nervoso, facilitando a criação de uma impressão ou marca nas células nervosas e em suas conexões. As mudanças que produzem a aprendizagem produzem também modificações neurobiológicas, e essas transformações, por sua vez, consolidam a mudança nos processos cognitivos.

Com relação à neuroplasticidade, recentes pesquisas sobre o funcionamento do cérebro, das redes neurais e das áreas envolvidas no processo de aprendizagem mostram a relevância desses estudos para a educação. Em razão do desenvolvimento comportamental e da aprendizagem, a complexidade da neuroplasticidade envolve diferentes níveis de desenvolvimento e diversas interações celulares e moleculares, de modo que os estudos realizados com respeito à neurobiologia da aprendizagem são tomados como referência para repensar a prática educacional (Santos; Anna, 2013).

A plasticidade tem sido referida no âmbito das ciências que estudam o cérebro humano, especialmente na área da neurociência, e a neuroplasticidade tem sido compreendida como a base da reabilitação neuropsicológica. Conforme Portellano Pérez e García Alba (2005, p. 39, tradução nossa),

> Pode-se definir a neuroplasticidade como o conjunto de modificações anatômicas e funcionais que experimenta o sistema

nervoso, em resposta aos processos de desenvolvimento, aprendizagem ou lesão, para facilitar a adaptação do sujeito. A neuroplasticidade é um processo dinâmico e flexível, que se apresenta em qualquer momento do ciclo vital, desde a gestação até a velhice.

A Academia Brasileira de Ciências assim define a neuroplasticidade:

> Entende-se por neuroplasticidade o processo de adaptação funcional/estrutural que minimiza ou reverte os efeitos das alterações estruturais (lesionais) ou funcionais do sistema nervoso, mas que também permite a aquisição do conhecimento. Esse processo envolve (1) a reparação, (2) a reorganização ou o rearranjo estrutural inter- ou intra-hemisférico, (3) a sinaptogênese, (4) o "brotamento" dos terminais axônicos e (5) a neurogênese. Paralelamente a esse processo de reorganização morfofuncional ocorrem modificações nas sinapses químicas, por períodos curtos ou longos (plasticidade sináptica), com as quais concorrem modificações moleculares intraneuronais e processos extrínsecos (ambientais), que também podem modificar a funcionalidade neuronal. O controle da eficácia da transmissão da informação em termos das sinapses é o mecanismo básico para explicar o aprendizado e a memória. (Araújo, 2011, p. 48)

O sistema nervoso está em permanente transformação como resposta ao desenvolvimento, à aprendizagem e às lesões. O cérebro, portanto, como organizador da atividade nervosa, é um órgão maleável, que pode transformar sua anatomia e funcionamento em função das necessidades. "O conjunto de transformações que experimentam as distintas estruturas do sistema nervoso recebe o nome de neuroplasticidade" (Portellano Pérez; García Alba, 2005, p. 40, tradução nossa). Se por acaso o cérebro não tivesse a capacidade de modificar-se, não seria possível ao ser humano adquirir novas aprendizagens e seria impossível sua recuperação depois de ter sofrido uma lesão cerebral.

Confirma Ribeiro (2011, p. 365), com relação à neuroplasticidade cerebral, que "O melhor funcionamento do cérebro acarreta mudanças nos padrões das ondas cerebrais através da Neuroplasticidade Cerebral, onde o cérebro tem a capacidade de remapear as conexões das células nervosas".

Esse movimento ocorre com a mudança do padrão das ondas cerebrais, com a regeneração desse padrão em virtude de seu uso constante em atividades cognitivas. Nesse processo, os indivíduos aprendem de modo contínuo, porque "o padrão de frequências cerebrais aprendido se estabelece de forma contínua e duradoura" (Ribeiro, 2011, p. 365). Para esse processo, pode ser utilizado o *neurofeedback*, uma maneira de moldar a mente via atividade repetitiva, pois o esforço mental continuado proporciona a renovação dos neurônios, com mais ênfase em áreas que recebem maior ativação nos exercícios cognitivos.

De acordo com Costa e Diniz (2016), com a estimulação cognitiva, funda-se a proposta para que os processos mentais superiores sejam mantidos ou melhorados mediante exercício cognitivo. Nesse processo, a plasticidade neural pode permanecer ao longo da vida, pressupondo-se que a reserva cognitiva se associe à redução de risco de comprometimento cognitivo com o avanço da idade, considerando-se que os conceitos de reserva cerebral e cognitiva se relacionam de modo direto com sistemas compensatórios do indivíduo e com sua capacidade de otimizar ou maximizar o desempenho com o recrutamento diferencial das redes cerebrais. Desse modo, os efeitos da neuroplasticidade trazem respostas positivas e/ou negativas: no primeiro caso, a estimulação continuada é associada a ganhos; no segundo caso, com a redução na estimulação sistemática, ocorre um processamento menos eficiente, com efeitos negativos. Assim, o coaching cognitivo é indicado como resultado de diversos estudos sobre plasticidade cerebral atualmente. Além disso, com o uso de computadores no desenvolvimento de programas de coaching cognitivo, tem havido a manutenção da motivação e do interesse de participantes, em razão dos desafios que são oferecidos para manter a atenção do coachee. (Malloy-Diniz et al., 2016).

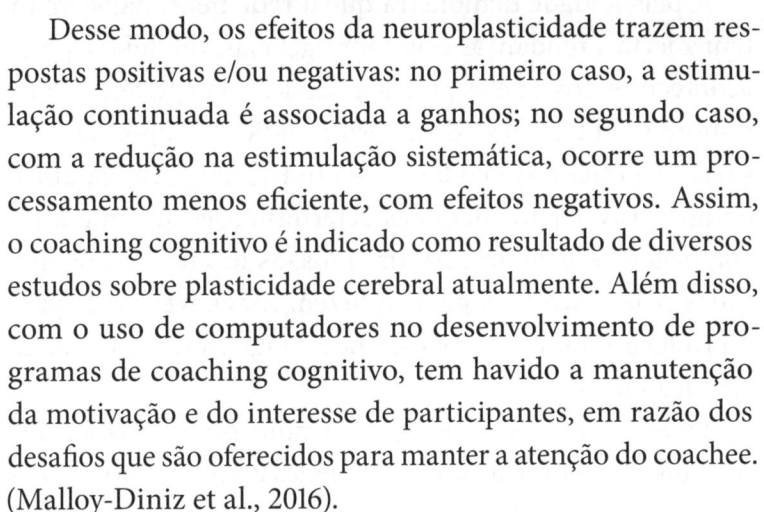

Salienta Vieira (2015) que se trata de uma iniciativa que o coachee deve tomar para que o comportamento aprendido durante a vida e as crenças limitadas possam ser desaprendidos, com a ajuda de métodos que compreendam a neuroplasticidade.

Rock (2006) ressalta o grande número de descobertas neurocientíficas que explicam o funcionamento do coaching com base em um nível cerebral. De fato,

> Hoje nós podemos compreender a partir de uma perspectiva psicológica por que um indivíduo precisa chegar às suas próprias respostas e por que um foco na solução é mais potente do que esmiuçar os problemas. Nós podemos entender por que aprender novas habilidades leva tempo, como o feedback positivo afeta o cérebro, aspectos de como tomamos decisões,

o que acontece quando definimos metas, e muitas outras coisas. (Rock, 2006, p. 36, tradução nossa)

A plasticidade demonstra que a rede neuronal se mantém aberta a mudanças e às contingências, modulada pelos acontecimentos e pelas potencialidades da experiência, que sempre modifica o estado anterior. Indica que, por meio de várias experiências vividas, "cada indivíduo se revela único e imprevisível, para além das determinações que implicam sua bagagem genética. Assim, pois, as leis universais definidas pela neurobiologia conduzem inevitavelmente para a produção do único" (Ansermet; Magistretti, 2008, p. 22, tradução nossa).

Podemos compreender que o fenômeno da plasticidade introduz, portanto, uma nova dialética com respeito ao organismo humano, colocando em jogo a diversidade e a singularidade, inversamente ao que parece sugerir a ideia convencional de determinismo genético (Ansermet; Magistretti, 2008).

Síntese

Neste capítulo, abordamos a programação neurolinguística (PNL) e sua aplicação ao coaching, na vinculação possível de ser realizada para a ativação da aprendizagem e na modelação do processo de coaching na busca de objetivos.

Examinamos ainda a origem, o conceito e o direcionamento do coaching ontológico, analisando também a comunicação dialógica no âmbito dessa metodologia de desenvolvimento pessoal e a importância da comunicação entre as pessoas, assim como a efetividade da troca de informações para que conflitos sejam resolvidos com base na escuta.

Por fim, tratamos da plasticidade, destacando a capacidade de modelagem neural com base em experiências pessoais; vimos que seus efeitos remetem ao coaching cognitivo e ao aumento da motivação dos participantes.

Atividades de autoavaliação

1. Com relação ao conceito de programação neurolinguística (PNL), analise as seguintes afirmativas:

    I) O termo *neuro* faz referência ao sistema neurológico, sujeito aos processos de lógica, afetando o inconsciente, as emoções e o comportamento.

    II) A PNL leva em conta três elementos: o indivíduo, as outras pessoas e a flexibilidade.

    III) A perspectiva da PNL é a de que cada ser humano dispõe de um computador pessoal, que é o próprio cérebro, o qual pode ser programado.

    IV) A PNL oferece formas para modificar ou auxiliar na alteração dos padrões mentais a fim de que seja possível melhorar a vida financeira das pessoas.

    V) A PNL é uma metodologia que ajuda as pessoas a se desenvolverem melhor em tudo o que fazem.

    Agora, assinale a alternativa correta:

    a) Estão corretas as afirmativas II, III e V.
    b) Somente a afirmativa II está correta.
    c) Estão corretas as afirmativas I e III.
    d) As afirmativas II, III e V estão corretas.
    e) Apenas as afirmativas I e IV estão corretas.

2. Identifique as afirmativas verdadeiras sobre alguns modelos e ferramentas que fazem parte do processo de PNL e coaching:
   I) Uma importante contribuição do coaching do PNL é a precisão e a probabilidade de alcançar objetivos.
   II) O vínculo do coaching com a PNL implica um processo de ativação do contratante da sessão para o processo do coaching.
   III) São ferramentas e modelos de PNL: pressuposições da PNL; modelo *score*; modelo dos níveis lógicos; modelo meta; resultados bem formados; metaprogramas; posicionamentos perceptuais; e processo de luto e perda.
   IV) A linguagem não verbal da pessoa, como os sinais corporais, os movimentos dos olhos, a postura ao sentar-se, é muito considerada pela PNL.
   V) A ação do coach como guia do coachee é um modelo do processo de PNL e coaching.

   Agora, assinale a alternativa correta:
   a) Estão corretas as afirmativas II e III.
   b) Estão corretas as afirmativas I, III e IV.
   c) Apenas a afirmativa V está correta.
   d) As afirmativas II, III e IV estão corretas.
   e) Estão corretas as afirmativas II e V.

3. Com respeito ao coaching ontológico, analise as afirmativas a seguir:
   I) O coaching ontológico requer que o significado do ser humano seja muito bem repensado.

II) O coaching ontológico trata da reflexão que pode ser feita pelo ser humano sobre si próprio, por meio da linguagem e da alteração da forma de ele observar a realidade.

III) A característica da meta ontológica é colocar em foco o fenômeno das conversações, pois é a partir delas que o olhar ontológico se desenrola.

IV) O coaching ontológico é um módulo de aprendizagem.

V) A ontologia da linguagem é um dos modelos fundamentais a serviço do coaching, operando na linguagem, nas emoções e nas atividades humanas.

Agora, assinale a alternativa correta:

a) Estão corretas as afirmativas II e V.
b) Somente a afirmativa I está correta.
c) Apenas as afirmativas I, II e III estão corretas.
d) Apenas as afirmativas I, III e IV estão corretas.
e) Estão corretas as afirmativas IV e V.

4. Com relação à comunicação dialógica, analise as afirmativas a seguir:

I) O coaching dialógico é um modelo de coaching destinado a oferecer uma metodologia inovadora, com base nos princípios do pensamento realista e ideológico.

II) A linguagem é sempre dialógica.

III) Em ações de comunicação, falar, resolver conflitos e comunicar de modo uniforme são atitudes essenciais.

IV) A visão dialógica do coaching inclui o cliente, a relação dele com a organização e com os processos de treinamento.

V) No processo de coaching dialógico, o homem busca criar projetos de ação pessoal em colaboração com o que o entorno lhe oferece.

Agora, assinale a alternativa correta:

a) Estão corretas as afirmativas I e IV.
b) Apenas as afirmativas II e IV estão corretas.
c) Estão corretas as afirmativas I, II e V.
d) Apenas as afirmativas I, III e V estão corretas.
e) Somente a afirmativa I está correta.

5. Analise as afirmativas a seguir sobre a plasticidade cerebral:

I) A neuroplasticidade é o processo de adaptação funcional/estrutural que minimiza ou reverte os efeitos das alterações estruturais (lesionais) ou funcionais do sistema nervoso, mas que permite a aquisição do conhecimento.

II) A plasticidade demonstra que, por meio de várias experiências passadas, cada indivíduo se revela único e imprevisível.

III) A plasticidade causa a indução de modificações no circuito neural envolvido com o aprendizado.

IV) A plasticidade neural é a capacidade do cérebro de desenvolver novas conexões sinápticas entre os neurônios a partir da experiência e do comportamento do indivíduo.

V) Por meio da plasticidade, novos comportamentos são transmitidos às novas gerações, tornando o desenvolvimento humano um ato contínuo.

Agora, assinale a alternativa correta:

a) Estão corretas as afirmativas II, III e IV.
b) Estão corretas as afirmativas I e V.
c) Apenas as afirmativas I, II e IV estão corretas.
d) Apenas as afirmativas II e V estão corretas.
e) Somente a afirmativa IV está correta.

Atividades de aprendizagem

Questões para reflexão

1. No coaching dialógico, o cliente é visto como um ser livre e buscador, que se descobre a si mesmo e se desenvolve em relacionamentos. Reflita sobre essa afirmação, no que se refere ao papel do coach como agente participante do processo de coaching, do qual poderá resultar uma resposta a essa liberdade inerente ao coachee. Em seguida, relacione exemplos que indiquem ser possível ao coachee visualizar-se como um ser livre que pode despertar para a descoberta de si.

2. Com relação às pressuposições da PNL, descreva quais são as particularidades pessoais/individuais que você consegue identificar em cada uma delas.

Atividada aplicada: prática

1. Os seres humanos são seres conversadores, e a conversa possibilita e assunto é o estudo doncontrar o elemento norteador para compreendermos melhor como são as pessoas. Considerando que "As conversas participam da construção de nossas identidades, na formação de nossos relacionamentos pessoais, na criação de diferentes possibilidades e futuros" (Wolk, 2007, p. 208-209, tradução nossa), produza um diálogo com alguém que lhe possibilite ouvir de modo efetivo a conversa, analisando se o conteúdo lhe permite conhecer me inicial em que se apoioulhor a si mesmo. Relate as características dessa conversa, destacando o que conseguiu identificar tanto em relação ao falante quanto em relação a você.

Considerações finais

A intenção de escrever sobre o coaching partiu de um objetivo modesto, com a proposição de temáticas inerentes ao assunto, e a abordagem de novas descobertas, metodologias, teorias e ciências que estão atuando ativamente no coaching da contemporaneidade.

Ao longo do desenvolvimento da pesquisa, contudo, os assuntos se tornaram cada vez mais complexos, identificando-se um grande número de informações, estudos e pesquisas atuais que expressam de modo concreto o coaching como uma ferramenta que se destaca pela sua ação direta no desenvolvimento de cada indivíduo, baseado na capacidade pessoal de mudança.

Assim, o propósito inicial, que era explanar sobre as modalidades e a diversidade do coaching, a programação neurolinguística (PNL) e a ação que desempenha na formação humana, na busca interior pelo conhecimento de si, além das outros recursos que contribuem para o fortalecimento desse processo, passou a ser o de abranger um amplo leque de informações que pudessem trazer ao leitor uma parte significativa do conhecimento sobre o coaching e sobre o uso dessa ferramenta.

Isso significa que o tema não se restringe ao que apresentamos aqui; ao contrário, avulta-se, na mesma linha de busca do desenvolvimento humano com as considerações interiores que o coachee realiza, ao encontrar as próprias respostas aos conflitos.

Com as diversas fontes pesquisadas, de relevante valor teórico, foi possível apresentar o coaching, em diferentes aspectos e definições, o neurocoaching, como uma tendência que se amplia rapidamente e acompanha o processo de coaching, e a psicopedagogia, com foco na aprendizagem e nas oportunidades de mudança relacionadas à revisão de conceitos, crenças, memórias e vivências.

A literatura consultada mostrou que o coaching participa ativamente do desenvolvimento pessoal dos participantes desse processo, porque as modalidades de coaching generativo e evolutivo, por exemplo, revelam ao coachee um nível de consciência novo e a possibilidade de escolhas em sua mudança, ao conhecer-se melhor e individualizar-se nessas escolhas.

A abordagem dos mapas mentais, dos mapas do mundo e da mudança de pensamento buscou demonstrar que cada indivíduo pode se comportar em seu desenvolvimento de forma hábil e competente, construindo um desenho de mudança que acompanha a capacidade de pensar diferente, tornando-se dono de sua vontade de movimento e de ação consigo mesmo.

Procuramos construir uma obra que contemplasse também a PNL, tendo em vista importância que essa ciência tem tomado no âmbito do coaching, além de todos os fatores que são inerentes a ela, como o coaching ontológico e a comunicação dialógica, ambos elementos essenciais da comunicação e da conversação humana. Também buscamos enfocar a plasticidade e à neuroplasticidade, que têm acompanhado a evolução do coaching em todas as dimensões que ocupa.

Da ideia, portanto, esta obra avançou para informações mais amplas, das quais não se pode prescindir quando o coaching.

Esperamos que o leitor possa ter adquirido as informações que desejava encontrar aqui e que lhe seja possível vivenciar esta aquisição, como uma experiência positiva do coaching.

Referências

ACOSTA, C. R. C. **Apresentações extraordinárias**: o segredo para vender suas ideias. Campo Grande: Dados & Ideias, 2013.

ALONSO, P. V. **Diversidad innovadora**: intangibles para la creatividad colectiva. La Coruña: Netbiblo, 2012.

ALONSO, S. **Coaching dialógico**. Madrid: LID, 2013.

ANDRÉS OCAÑA, J. **Mapas mentales y mstilos de mprendijaze**: mprender a cualquer edad. Alicante: Club Universitario, 2010.

ÁNGEL LEÓN, M. **Coaching de PNL**: zen de PNL – introduciendo el juego sistémico. Madrid: Gaia Ediciones, 2010.

ANSERMET, F.; MAGISTRETTI, P. **A cada cual su cerebro**: plasticidad neuronal e inconsciente. Buenos Aires: Katz, 2008.

ARAÚJO, A. (Coord.). **Aprendizagem infantil**: uma abordagem da neurociência, economia e psicologia cognitiva. Rio de Janeiro: Academia Brasileira de Ciências, 2011. (Ciência e Tecnologia para o Desenvolvimento Nacional. Estudos Estratégicos).

ARNOLD, J. **Coaching Skill for Leaders in the Workplace**: How to Develop, Motivate and Get the Best from Your Staff. Oxford: How to Books, 2009.

BAKER, L.; FORNER, R. **Coaching personal con PNL**: formas prácticas y simples para comunicar mejor, resolver problemas y responder de forma más creativa y flexible. Madrid: Dilema, 2004.

BAKHTIN, M. **Estética da criação verbal**. 2. ed. São Paulo: M. Fontes, 1997. (Coleção Ensino Superior).

BALSIMELLI, S. F. et al. A neuropsicologia no Hospital Geral. In: BRUSCATO, W. L.; BENEDETTI, C.; LOPES, S. R. de (Org.). A prática da psicologia hospitalar na Santa Casa de São Paulo: novas páginas em uma antiga história. São Paulo: Casa do Psicólogo, 2004. p. 155-166.

BARBOSA, A. O que é neurocoaching senão a unificação da neurociência + coaching. **Portal Ferramentas de Coaching**, 11 set. 2016. Disponível em: <https://coaching.ferramentasdecoaching.net/o-que-e-neurocoaching-senao-a-unificacao-da-neurociencia-coaching>. Acesso em: 10 ago. 2019.

BARREAU, P. **Bases psychologiques du coaching professionnel**: analyser et comprendre le coaching. Paris: Elsevier Masson, 2011.

BARROS, M. Identificando nossas crenças e potencializando resultados no processo de coaching. In: LYNCH, A. C. et al. (Org.). **O impacto do coaching no dia a dia**: vinte perspectivas da teoria à prática. Porto Alegre: Simplíssima, 2015.

BAVISTER, S.; VICKERS, A. **Programación neurolinguística (PLN)**: las claves para una comunicación más efectiva. Barcelona: Amat SL, 2005.

BERNHARDT, O.; COLNOT, F.; VITRY, F. **Le coaching personnel**. Paris: Inter Éditions-Dunod, 2008.

BLAKEY, J.; DAY, I. **Challenging Coaching**: Going Beyond Traditional Coaching to Face the Facts. London: Nicholas Brealey Publisihing, 2012.

BLOCK, V. **Coaching executivo**: uma questão de atitude. Rio de Janeiro: Elsevier, 2012.

BOCK, A. M. B. Apresentação. In: BRUSCATO, W. L.; BENEDETTI, C.; LOPES, S. R. de (Org.). **A prática da psicologia hospitalar na Santa Casa de São Paulo**: novas páginas em uma antiga história. São Paulo: Casa do Psicólogo, 2004. p. 11-12.

BUENO, K. Coaching e o processo de individuação. In: PERCIA, A.; SITA, M. (Coord.). **Manual completo de coaching**: grandes especialistas apresentam estudos e métodos para a excelência na prática de suas técnicas. São Paulo: Ser Mais, 2011. p. 321-328.

BURTON, K. **Coaching com PNL para leigos**. Rio de Janeiro: Alta Books, 2012.

BUTTAZZI, M. O bê-a-bá do coaching de vida. In: PERCIA, A.; SITA, M. (Coord.). **Manual completo de coaching**: grandes especialistas apresentam estudos e métodos para a excelência na prática de suas técnicas. São Paulo: Ser Mais, 2011. p. 191-198.

BUZAN, T. **Mapas mentais**. Rio de Janeiro: Sextante, 2009.

CAJATY, G. **Coaching na mediação de família**. Rio de Janeiro: Jaguatirica, 2017.

CALDAS, S. **A teoria da história em Ortega y Gasset**: a partir da razão histórica. Porto Alegre: EDIPUCRS, 1994.

CARRIL, J. **Zen coaching**: un nuevo método que funde la cultura oriental y occidental para potenciar al máximo tu vida profesional y personal. Madrid: Díaz de Santos, 2010.

CASTILHO, M. A. **Criatividade no processo de coaching**. São Paulo: Trevisan, 2013.

CASTRO, E. L. de; AMORIM, E. S. de. **Psicopedagogia na educação superior**: possibilidade ou necessidade? Belo Horizonte: Centro Universitário Newton Paiva, 2011.

CHIAVENATO, I. **Coaching e mentoring**: construção de talentos – as novas ferramentas da gestão de pessoas. 3. ed. Rio de Janeiro: Elsevier, 2017.

CHIAVENATO, I. **Construção de talentos**: coaching e mentoring. 8. ed. Rio de Janeiro: Campus, 2002.

CLUTTERBUCK, D. **Coaching eficaz**: como orientar sua equipe de trabalho para potencializar resultados. São Paulo: Gente, 2008.

COQUEREL, P. R. S. **Neuropsicologia**. Curitiba: InterSaberes, 2013.

COSTA, A. C. R. da. Coaching de carreira: uma ferramenta indispensável para o sucesso na vida profissional. In: PERCIA, A.; SITA, M. (Coord.). **Manual completo de coaching**: grandes especialistas apresentam estudos e métodos para a excelência na prática de suas técnicas. São Paulo: Ser Mais, 2011. p. 103-110.

COSTA, M. V.; DINIZ, B. S. A estimulação cognitiva do idoso deprimido. In: MALLOY-DINIZ, L. F. et al. **Neuropsicologia:** aplicações clínicas. Porto Alegre: Artmed, 2016. p. 333-339.

COSTA, R. A interferência das crenças limitantes na aprendizagem. In: ROMA, A. de; WUNDERLICH, M.; OLIVEIRA, M. M. de (Coord.). **Aplicação do coaching e mentoring na educação:** como alcançar resultados no meio educacional. São Paulo: Leader, 2016. p. 127-135.

CUERVA, S. E.; SOUBRIET, F. de C.; FOFFANI, G. **Neurocoaching:** entre la ciencia y la vida. Barcelona: Centro Libros Papf, 2015.

CURY, A. **Ansiedade:** como enfrentar o mal do século. São Paulo: Saraiva, 2014.

D'ALESSANDRO, H. **Coaching para escribir con PNL**. [S.l.]: Bubok, 2012.

D'ADDARIO, M. **Coaching na educação**. Tradução de Ana Lúcia Teodoro Dias. [S.l.]: Babelcube, 2017a.

D'ADDARIO, M. **Coaching ontológico**. Tradução de Ana Lúcia Dias. [S.l.]: Babelcube, 2017b.

D'ADDARIO, M. **Coaching pessoal**. Tradução de Rosane Vieira Bujes da Silva. [S.l.]: Babelcube, 2016.

DEL PRADO, L. Coaching. **Boletín de Lecturas Sociales y Económicas**, año 4, n. 19, p. 16-22, [1996].

DIE HAMBURGER SCHULE. **The Theory of Self-Organised Coaching**. Dec. 2018. Disponível em: <http://www.hamburger-schule.com/en_theorie/en_intro_theorie.htm>. Acesso em: 4 abr. 2020.

DILTS, R. B.; EPSTEIN, T. A. **Aprendizaje dinâmico com PNL**. Barcelona: Urano, 2001.

DILTS, R. B.; EPSTEIN, T. A. **Coaching:** herramientas para el cambio. Barcelona: Urano, 2004.

DOBRINSKY, M. de. **PNL:** la técnica del éxito. Buenos Aires: Lea, 2011.

DUTRA, E. G. **Coaching**: o que você precisa saber. Rio de Janeiro: Mauad X, 2010.

ECHEVERRÍA, R. **Actos de lenguaje**. Santiago: Lom, 2006. v. I: La escucha.

ESTEVAM, V. **As forjas dos pensamentos nas sete vórtices**: transforme as barreiras da evolução interior. Booknando Livros, 2017.

FARIAS, C. Por que coaching? Porque coaching é a solução!!! Profundamente simples e simplesmente profundo. In: PERCIA, A.; SITA, M. (Coord.). **Coaching**: grandes mestres ensinam como estabelecer e alcançar resultados extraordinários na sua vida pessoal e profissional. São Paulo: Ser Mais, 2013. p. 59-66.

FENNER, G. **Mapas mentais**: potencializando ideias. Rio de Janeiro: Brasport, 2017.

FERNANDES, D. L. **A literatura infantil**. São Paulo: Loyola, 2003.

FERRATER MORA, J. **Diccionario de filosofía**. 5. ed. Buenos Aires: Sudamericana, 1965.

FERREIRA, D. Prosperidade. In: WUNDERLICH, M.; SITA, M. (Coord.) **Coaching e mentoring**: foco na excelência. São Paulo: Ser Mais, 2013. p. 98-106.

FIGUEIRA, J. **Coaching generativo**. **PNL Portugal**, 14 fev. 2017. Disponível em: <https://pnl-portugal.com/coaching-generativo>. Acesso em: 4 abr. 2020.

FREAS, A. M. O coaching de executivos para resultados do negócio. In: GOLDSMITH, M.; LYONS, L.; FREAS, A. **Coaching**: o exercício da liderança. Rio de Janeiro: DBM, 2003. p. 66-81.

GOLDVARG, D. **Supervisión de coaching**: para el desarrollo profesional del coach. Buenos Aires: Granica, 2017.

GOMES, D. Seja um líder inspirador para seus filhos. In: MASTINE, I. L.; THOMAS, L.; SITA, M. (Coord.) **Coaching para pais**: estratégias e ferramentas para promover a harmonia familiar. São Paulo: Literare Books International, 2017. p. 111-120.

GOMES, M.; SANTANA, B. **Conhecimentos pedagógicos com estratégias de coaching**. Rio de Janeiro: Alumnus, 2016.

GONZÁLEZ, V. M. Teorías del Coaching, 2. **La Central del Coaching**, 17 dez. 2013. Disponível em: <https://victormcoach. wordpress.com/2013/12/17/teorias-del-coaching-2>. Acesso em: 4 abr. 2020.

HANISCH, C.; MABROK, F.; WILIMZIG, C. **Neuro-Coaching avec EmotionSync®**: la Révolution dans le Coaching et en Psychothérapie. Norderstedt: Books on Demand, 2016.

HARRIS, C. **Los Elementos de PNL**. Madrid: EDAF, 2004.

HAYES, A. G.; NIEUWERBURGH, C. van. **Coaching educativo**. Madrid: Paraninfo, 2016. (Colección Didáctica y Desarrollo).

HEIDEGGER, M. **Introdução à filosofia**. 2. ed. São Paulo: M. Fontes, 2009.

IBC – Instituto Brasileiro de Coaching. **O que é coaching?** Disponível em: <http://www.ibccoaching.com.br/portal/coaching/o-que-e-coaching>. Acesso em: 4 abr. 2020.

ICF – International Coach Federation. **Código de Ética**. set. 2019. Disponível em: <https://www.icfbrasil.org/icf/codigo-de-etica>. Acesso em: 4 abr. 2020.

ICW – INTERNATIONAL COACHING WEEK –I CF-DF, 1., 2018, Brasília. Disponível em: <https://www.sympla.com.br/icw -international-coaching-week -icf-df__283264>. Acesso em 4 abr. 2020.

IIJ – Instituto Internacional Japonês de Coaching. **Código de Ética**. 1º abr. 2014. Disponível em: <http://ijicoaching.com/credenciamento/1-codigo-de-etica>. Acesso em: 27 fev. 2018.

INÁCIO, S. R. da L. **Neurocoaching**. 21 jun. 2012. Disponível em: <https://www.webartigos.com/artigos/neurocoaching/91236#ixzz 59ee2CZpv>. Acesso em: 4 abr. 2020.

JOUNOU, M. C. **El coaching emocional**. Barcelona: UOC, 2009.

KELLER, G.; PAPASAN, J. **A única coisa**. Barueri: Novo Século, 2014.

KIMSEY-HOUSE, H. **Coaching coativo**: mudando negócios e transformando pessoas. São Paulo: Évora, 2015.

KNIGHT, J. Instructional Coaching. In: KNIGHT, J. (Ed.). **Coaching**: Approaches and Perspectives. Thousand Oaks: Corwin Press, 2009. p. 29-55.

LIMA, F. **Mapas mentais e memorização**: para provas e concursos. Niterói: Impetus, 2010.

LÓPEZ-ESCRIBANO, C. Aportaciones de la Neurociência al Aprendizaje y Tratamiento Educativo de la Lectura. **Aula**, v. 15, p. 47-78, 2009.

LOUREIRO, M. A. **7 formas de pensar**: pirâmide do processo evolutivo. **Instituto Loureiro**, 7 abr. 2017. Disponível em: <http://institutoloureiro.com.br/piramide-processo-evolutivo/>. Acesso em: 10 ago. 2019.

LUNDY-EKMAN, L. **Neurociência**: fundamentos para reabilitação. Rio de Janeiro: Elsevier, 2008.

LUPI, J. J. **Neurocoach**: coaching del alma, Feng Shui de la mente. Madrid: EDAF, 2014.

LYNCH, A. C. Psicanálise x coaching: breves considerações sobre suas aproximações e disparidades. In: LYNCH, A. C. et al. (Org.). **O impacto do coaching no dia a dia**: vinte perspectivas da teoria à prática. Porto Alegre: Simplíssima, 2015.

MACHADO, A. **Neuroanatomia funcional**. 2. ed. Rio de Janeiro: Atheneu, 2002.

MALLOY-DINIZ, L. F. et al. **Neuropsicologia**: aplicações clínicas. Porto Alegre: Artmed, 2016.

MARINÉ, F. B. (Coord.). **Coaching hoy**: teoría general del coaching. 4. ed. Madrid: Centro de Estudios Ramón Areces, 2014.

MARION, A. **Manual de coaching**: guia prático de formação profissional. Curitiba: Atlas, 2017.

MARQUES, J. R. Análise de comportamento – teste de perfil comportamental. **Instituto Brasileiro de Coaching**, 17 jul. 2018. Disponível em: <https://www.ibccoaching.com.br/portal/comportamento/analise-comportamento-teste-perfil-comportamental>. Acesso em: 4 abr. 2020.

MARQUES, J. R. O que é neurocoaching? **Instituto Brasileiro de Coaching**, 3 ago. 2017. Disponível em: <http://www.ibccoaching.com.br/portal/coaching-e-psicologia/o-que-e-neurocoaching>. Acesso em: 4 abr. 2020.

MARQUES, J. R. O que é psicologia positiva? **Instituto Brasileiro de Coaching**, 28 abr. 2016a. Disponível em: <http://www.ibccoaching.com.br/portal/coaching-e-psicologia/o-que-e-psicologia-positiva>. Acesso em: 4 abr. 2020.

MARQUES, J. R. O que é Rapport. **Instituto Brasileiro de Coaching**, 13 set. 2016b. Disponível em: <http://www.ibccoaching.com.br/portal/coaching-e-psicologia/o-que-e-rapport>. Acesso em: 4 abr. 2020.

MARQUES, J. R. Os 3 Tipos de Mudanças no Processo de Coaching. **Blog do JRM**, 5 nov. 2016c. Disponível em: <https://www.jrmcoaching.com.br/blog/os-3-tipos-de-mudancas-no-processo-de-coaching>. Acesso em: 4 abr. 2020.

MARQUES, J. R. Pirâmide do processo evolutivo e o Coaching. **Blog do JRM**, 9 jan. 2016d. Disponível em: <http://www.jrmcoaching.com.br/blog/piramide-do-processo-evolutivo-e-o-coaching>. Acesso em: 4 abr. 2020.

MARQUES, J. R. Superinteligência e os 7 níveis do processo evolutivo. Blog do JRM, 28 ago. 2016e. Disponível em: <https://www.jrmcoaching.com.br/blog/congruencia-entre-a-superinteligencia-e-os-7-niveis-do-processo-evolutivo>. Acesso em: 4 abr. 2020.

MARRELLI, A. **Managing for Engagement**: Communication, Connection and Courage. Washington: Diane Publishing, 2010.

MASTINE, I. **Coaching para pais**. São Paulo: Ser Mais, 2016.

MATTEU, D. de. Transformando vidas através do coaching evolutivo. In: MARQUES, J. R. et al. (Coord.). **Master Coaches**: técnicas e relatos de mestres do coaching. São Paulo: Ser Mais, 2012. p. 133-140.

McDERMOTT, I. **PNL e saúde**: recursos de PNL para melhorar a saúde e o bem-estar. São Paulo: Summus, 1997.

MEIER, R.; JANSEN, A. **CoachAusbildung**: ein strategisches Curriculum. Sternenfels: Verlag Wissenschaft & Praxis, 2011.

MENDONÇA, R. Coaching não é treinamento. In: PERCIA, A.; SITA, M. (Coord.). **Manual completo de coaching**: grandes especialistas apresentam estudos e métodos para a excelência de suas técnicas. São Paulo: Ser Mais, 2011. p. 93-100.

METAFORUM BRASIL. **O que é o Metaforum Internacional?** Disponível em: <https://metaforumbrasil.com.br>. Acesso em: 4 abr. 2020.

MONSEMPÈS, J. L. Changements génératifs et coaching. **Institut Repere**, nov. 2017. Disponível em: <http://www.institut-repere.com/Coaching/changements-et-coaching-generatif.html>. Acesso em: 4 abr. 2020.

MORAES, F. C. C. **Desafios estratégicos em gestão de pessoas.** Curitiba: Iesde, 2012.

MORALES, M. **Ser, aprender, transformar**: o coaching ontológico em ação. Brasília: Trampolim, 2015.

MURADEP, L. **Coaching para la transformación personal**: un modelo integrado de la PNL y la ontología del linguaje. Buenos Aires: Granica, 2012.

NEALE, S. **Emotional Intelligence Coaching**: Improving Performance for Leaders, Coaches and the Individual. London: Kogan Page, 2009.

NUNES, I. **Fórmula do resultado**: alcançando objetivos extraordinários em menor tempo. Joinville: Clube de Autores, 2017.

OLIVEIRA, M. M. de. Coaching e mentoring na educação. In: ROMA, A. de; WUNDERLICH, M.; OLIVEIRA, M. M. de (Coord.). **Aplicação do coaching e mentoring na educação**: como alcançar resultados no meio educacional. São Paulo: Leader, 2016. p. 19-24.

ONTORIA, A. **Aprender con mapas mentales**: una estrategia para pensar y estudiar. 4. ed. Madrid: Narcea, 2006.

ONTORIA, A. et al. **Mapas conceptuales**: una técnica para aprender. Madrid: Narcea, 1997.

PAULA, M. de. **O sucesso é inevitável**: coaching e carreira. São Paulo: Futura, 2005.

PINOTTI, J. et al. **Coaching ontologico al alcance de todos**. Buenos Aires: Coaching Ediciones, 2005.

PORTELLANO PÉREZ, J. A.; GARCÍA ALBA, J. **Neuropsicología de la atención, las funciones ejecutivas y la memoria**. Madrid: Síntesis, 2005.

PSICOPEDAGOGIA. In: Conceito.de, 7 nov. 2011. Disponível em: <https://conceito.de/psicopedagogia>. Acesso em: 4 abr. 2020.

PUIGGARÍ, G. N. **Remando juntos**. Madrid: LID, 2006.

RAWLINSON, G. J. **Creative Thinking and Brainstorming**. New York: British Library, 2017.

READY, R.; BURTON, K. **Programação neurolinguística para leigos**. Rio de Janeiro: AltaBooks, 2009.

REGO, A. **Coaching para executivos**. 2. ed. São Paulo: Livraria Escolar, 2007.

REIS, H. **Coaching ontológico**: doutrina fundamental. Brasília: Thesaurus, 2011.

RIBEIRO, N. Coaching e neurofeedback: uma parceria de sucesso! In: PERCIA, A.; SITA, M. (Coord.). **Manual completo de coaching**: grandes especialistas apresentam estudos e métodos para a excelência na prática de suas técnicas. São Paulo: Ser Mais, 2011. p. 361-368.

RITER, E. Mensuração do desenvolvimento e do resultado no processo de coaching. In: WUNDERLICH, M.; SITA, M. (Coord.). **Coaching e mentoring**: foco na excelência. São Paulo: Ser Mais, 2013. p. 155-162.

ROCK, D. A Brain-based Approach to Coaching. **International Journal of Coaching in Organizations**, v. 4, n. 2, p. 32-43, 2006.

ROMA, A.; WUNDERLICH, M.; OLIVEIRA, M. M. de. **Aplicação do coaching e mentoring na educação**: como alcançar resultados no meio educacional. São Paulo: Leader, 2017.

RUAN, D. **Conexión padres e hijos**: coaching como herramienta para construir conexión familiar en la era digital. Bloomington: Palibrio, 2016.

RUGGERI, C. A. A contribuição do coaching para a evolução humana. In: MARQUES, J. R. et al. (Coord.). **Master Coaches**: técnicas e relatos de mestres do coaching. São Paulo: Ser Mais, 2012. p. 65-72.

SANTOS, B. S. dos; ANNA, L. de. **Espaços psicopedagógicos em diferentes cenários**. Porto Alegre: EDIPUCRS, 2013.

SANTOS, G. **Coaching educacional**: ideias e estratégias para professores, pais e gestores que querem aumentar seu poder persuasão e conhecimento. São Paulo: Leader, 2012.

SCHARMER, O. C. **Teoria U**: i fondamentali – principi e applicazioni. Milano: Guerini Next, 2018.

SCHNITMAN, D. F. Perspectiva e prática generativa. **Nova Perspectiva Sistêmica**, Rio de Janeiro, n. 56, p. 55-75, dez. 2016.

SENGE, P. **A quinta disciplina**: arte e prática da organização que aprende. Rio de Janeiro: BestSeller, 2018.

SENGE, P. et al. **Presença**: propósito humano e o campo do futuro. 11. na pr ed. São Paulo: Cultrix, 2014.

SOARES, D. O sucesso começa com sua atitude. In: PERCIA, A.; SITA, M. (Coord.). **Coaching**: grandes mestres ensinam como estabelecer e alcançar resultados extraordinários na sua vida pessoal e profissional. São Paulo: Ser Mais, 2013. p. 79-86.

SOUZA, A. de. Os benefícios do life coaching nos processos de luto. In: LYNCH, A. C. et al. (Org.). **O impacto do coaching no dia a dia**: vinte perspectivas da teoria à prática. Porto Alegre: Simplíssima, 2015.

TAVARES, C. R. Constelação organizacional e coaching sistêmico. In: WUNDERLICH, M.; SITA, M. (Coord.) **Coaching e mentoring**: foco na excelência. São Paulo: Ser Mais, 2013. p. 83-90.

THE BLOKEHEAD. **Habilidades de conversação**: como falar com qualquer um e formar rapport rápido em 30 passos. Tradução de João Félix Hartleben Fernandes. [S.l.]: Babelcube, 2016.

TISOC – The International School of Coaching. **Una pincelada de coaching**. Barcelona, dic. 2007.

VIEIRA, C. Neurocoaching, isso existe? **Administradores.com**, 14 dez. 2016. Disponível em: <http://www.administradores.com.br/artigos/cotidiano/neurocoaching-isso-existe/100911>. Acesso em: 4 abr. 2020.

VIEIRA, P. **O poder da ação**: faça sua vida ideal sair do papel. São Paulo: Gente, 2015.

WHITMORE, J. **Coaching para aprimorar o desempenho**: os princípios e a prática do coaching e da liderança. São Paulo: Clio, 2012.

WOLK, L. **Coaching**: el arte de soplar brasas. 2. ed. Buenos Aires: Gran Aldea, 2007.

WUNDERLICH, M. Coaching e mentoring aplicado na educação. In: ROMA, A. de; WUNDERLICH, M.; OLIVEIRA, M. M. de (Coord.). **Aplicação do coaching e mentoring na educação**: como alcançar resultados no meio educacional. São Paulo: Leader, 2016. p. 25-32.

ZAHAROV, A. **Coaching**: caminhos para transformação da carreira e da vida pessoal. Rio de Janeiro: Brasport, 2010.

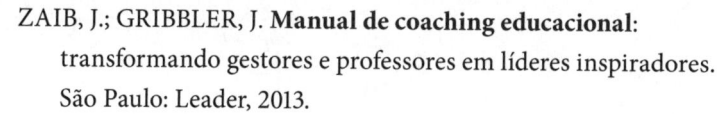

ZAIB, J.; GRIBBLER, J. **Manual de coaching educacional**: transformando gestores e professores em líderes inspiradores. São Paulo: Leader, 2013.

Respostas

Capítulo 1
Atividades de autoavaliação
1) b
2) a
3) c
4) b
5) e

Capítulo 2
Atividades de autoavaliação
1) e
2) c
3) d
4) c
5) d

Capítulo 3
Atividades de autoavaliação
1) c
2) d
3) b
4) d
5) a

Capítulo 4
Atividades de autoavaliação
1) e
2) c
3) e
4) d
5) b

Capítulo 5
Atividades de autoavaliação
1) d
2) c
3) a
4) b
5) a

Capítulo 6
Atividades de autoavaliação
1) d
2) b
3) c
4) c
5) c

Sobre o autor

Adriano Antônio Faria é fundador e CEO do Instituto Coaching. É mestre e doutor em Educação pela Universidade Tuiuti do Paraná – UTP. É graduado em Filosofia, Teologia, Marketing, Pedagogia, Direito e Coaching e Desenvolvimento Humano. Tem oito especializações *lato sensu*, entre elas: pós-graduação em Psicologia Positiva; pós-graduação em Metodologia do Ensino na Educação Superior; pós-graduação em Psicopedagogia Clínica e Institucional; MBA em Gestão e Planejamento Estratégico; especialização em Mapas Mentais; especialização em Coaching. É *Master Coach* e *Head Trainer*, certificado pelas seguintes instituições: Instituto Europeu Coaching Association, Behavioral Coaching Institute e International Association of Coaching. Tem formação em Coaching por diversas escolas do Brasil e do exterior. É formado em Hipnose Clássica, Terapêutica e Ericksoniana. É *Practitioner* em Programação Neurolinguística (PNL). É *Head Trainer* e analista comportamental pela Solides LCC Internacional. É formado em Leadership and Coaching Certification pela Universidade de Ohio, nos EUA, e certificado pela Tony Robbins. É formado também pelo Instituto de Formação de Treinadores (IFT). Atua como escritor, professor e palestrante.

Este produto é feito de material proveniente
de florestas bem manejadas certificadas
e de outras fontes controladas.

Este produto é feito de material proveniente de florestas bem manejadas certificadas FSC® e de outras fontes controladas.

FSC
www.fsc.org
MISTO
Papel produzido a partir de fontes responsáveis
FSC® C107644

Impressão: Gráfica Mona
Julho/2020